Anne Bax • Cornelia Böhm, *Kochen & Küssen*

Vielen Dank an Melanie für die gute Idee und an Nicole
für ihre unermüdliche Unterstützung.

Anne Bax • Cornelia Böhm

Kochen & Küssen

Geschichten zum Vorlesen und Rezepte zum Nachkochen

konkursbuch
VERLAG CLAUDIA GEHRKE

Kochen

Like the Way Ei Do

Die Mehlspeise zum Mitsingen

Is it so hard to satisfy your senses?

Milch und Wasser mit Eiern und einer Prise Salz verquirlen. Mehl und Backpulver untermengen, 20 Min. ruhen lassen. CD einlegen. 10 g Butter in einer mittelgroßen Pfanne (beschichtet ist der sichere Weg) schmelzen, 1/5 des Teigs zugießen und bei mittlerer Hitze abbacken. Der Teig sollte auf der Oberfläche nicht mehr flüssig sein, dann vorsichtig auf einen großen Teller gleiten lassen, beherzt den Pfannkuchen mit der ungebackenen Seite in die Pfanne kippen. Auf diese Weise alle Pfannkuchen backen und dabei laut singen. Die Pfannkuchen kann man nach Lust und Laune belegen oder füllen. Klassiker ist natürlich der Apfelpfannkuchen: Dafür sollte man schon vorher einen säuerlichen Apfel (z.B. Braeburn oder Boskoop) halbieren, Kerngehäuse entfernen, schälen und in schmale Spalten schneiden. Teig in die Pfanne gießen und sofort mit Apfelspalten belegen. Das Wenden gestaltet sich zwar etwas schwieriger, aber mit etwas Übung geht das auch recht gut. Fürs Singen gilt das übrigens nicht.

Vorlesen:
Verdeckte Operationen, S. 180

Zutaten (für 5 Pfannkuchen):
2 Eier (Größe M)
200 ml Milch
130 ml Wasser
130 g Mehl
Salz
½ TL Backpulver
Butter
Melissa Etheridge:
Alle Alben

Bandnudeln Bilitis

Champignon-Sahne-Nudeln mit Räuchertofu

Blümchensex wird durch Bandnudeln erst richtig schön.

Räuchertofu würfeln, Champignons putzen und in Scheiben schneiden, beides scharf anbraten. Zwiebel und Knoblauchzehe fein würfeln, zum Tofu und den Champignons geben. Die Sahne zugießen und etwas einkochen lassen. In der Zwischenzeit die Nudeln nach Packungsangabe kochen. Die Sahnesauce mit Salz (wenn man will, kann man Räuchersalz verwenden, das gibt dem Ganzen eine pikante Note), Pfeffer, Zitronensaft und fein gehackter Petersilie abschmecken.

Nach dem Essen mit wehenden Seidentüchern in Zeitlupe über sonnige Waldwiesen laufen. Gemeinsam entspannt in Gänseblümchen fallen. Jeden Austausch von Körperflüssigkeiten vermeiden. Entrückt seufzen.

Vorlesen:
Morgen, Kinder, wird's was geben, **S. 98**

Zutaten (für 2 Personen):
250 g Bandnudeln
3 EL Öl
1 Zwiebel
1 Knoblauchzehe
150g Räuchertofu
250 g Champignons
200 ml Schlagsahne
Salz
Pfeffer
Zitronensaft
Zeitlupe
glatte Petersilie
Seidentücher
Sommerliche Waldwiesen
Gänseblümchen im Haar

Basic Instinct

Der gefährliche Kartoffelsalat

Hier ist die perfekte Gelegenheit, mit einem klassischen Rezept ein wenig gefährlich zu wirken. Wieviel Unterwäsche sie beim Zubereiten tragen will, muss dabei jede Frau selber entscheiden …

Die Kartoffeln in Salzwasser zum Kochen bringen und je nach Dicke 15–25 Min. kochen (am Besten nach 15 Min. immer mal wieder lässig mit dem Eispickel reinstechen). Während die Kartoffeln kochen, die Zwiebel schön klein würfeln. 90 ml heißes Wasser mit etwas Salz (nachsalzen kann man immer) auf die Zwiebeln in eine Schüssel geben. 6 EL Essig und 6 EL Öl dazugeben. Die garen Kartoffeln abgießen, mit dem Eispickel einzeln aufspießen und glühend heiß pellen. Danach sofort in Scheiben schneiden und cool in die Wasser-Essig-Öl-Marinade fallen lassen.Sanft unterrühren, und 45 Min. ziehen lassen. Die restlichen 2 EL Öl und fein gehackte Petersilie unterheben, mit Salz und Pfeffer abschmecken. Eispickel spätestens jetzt unbedingt weglegen. Diesen Kartoffelsalat kann die hungrige Köchin sofort und mit einer beliebigen Beilage essen. Oder sofort und mit einer beliebigen, weiblichen Begleitung. Leckerer ist der Salat einen Tag später, ob für die Begleitung das Gleiche gilt, muss selber ausprobiert werden.

Vorlesen:
Hinterm Mond, S. 166

Zutaten (für eine geübte Verführerin und ihr williges Opfer):
600 g fest kochende Kartoffeln (möglichst gleich groß)
Salz
1 Zwiebel (ca. 60 g)
5 EL Weißweinessig
8 El Sonnenblumenöl
Pfeffer
glatte Petersilie

Hinter Gittern

Kartoffelgratin mit gemischtem Salat

Einfaches Essen in schweren Zeiten oder: Was Walter auf Station B kochen würde.

Die Kartoffeln schälen und in eine Schale Wasser legen (damit sie nicht anlaufen, während alles Weitere zubereitet wird). Milch und Sahne in eine Schale geben, die Knoblauchzehe hineinpressen, mit Salz, Pfeffer und Muskatnuss würzen, verrühren. Die Kartoffeln abtrocknen und auf einem Gemüsehobel in eine Auflaufform in feine Scheiben schneiden. Mit der Sahne-Milchmischung übergießen und mit geriebenem Käse bestreuen. Der Auflauf wird ca. 35 Min. auf mittlerer Schiene bei 190° C Umluft gebacken.In der Zwischenzeit kann man prima die Beilage, in diesem Fall einen **gemischten Salat**, zubereiten. Und natürlich eine weitere Flucht und/oder Meuterei planen.

Den Salat waschen, putzen, trocken schleudern. Das restliches Gemüse ebenfalls waschen, Tomaten und Paprika würfeln, Gurke und Zwiebeln in Scheiben schneiden. Essig mit Senf und Zucker verrühren, das Öl langsam dazugießen und immer weiterrühren (so entsteht eine schöne Emulsion, die sich nicht sofort wieder in ihre Bestandteile auflöst und Zeit genug hat man ja). Den Salat hübsch auf Tellern anrichten, Dressing drauf und mit dem Kartoffelgratin servieren.

Nach dem Essen mit dem Rest der Station an den Zaun stellen und drohend gucken.

Vorlesen:
Verdeckte Operationen, S. 166

Zutaten (für 1 Zelle / 2 Personen):
500 g Kartoffeln (festkochend)
1 Knoblauchzehe
150 ml Milch
100 ml Sahne
Salz
Pfeffer
Muskatnuss
100 g Gouda (gerieben)

Gemischter Salat:
1 Kopf Salat
½ Paprikaschote
1 Tomate
1 Stück Schlangengurke
1 kleine rote Zwiebel
2 El Weißweinessig
4 El Öl (Oliven-, Raps- oder Sonnenblumen, was man so mag, oder im Knast bekommt)
½ Tl Senf
¼ Tl Zucker
Pfeffer
Salz

Have You Seen My Organic Sextoys?

Möhren-Zucchini-Puffer mit Kräuterquark

Es gibt Dinge, die man mit Silikon nicht machen kann …

Zuerst den Kräuterquark herstellen, damit der ein wenig durchziehen kann. Dafür Quark mit Sahne vermischen, die Knoblauchzehe schälen, in den Quark pressen und mit Salz und Pfeffer würzen. Kräuter nach Geschmack fein hacken und untermengen. Möhren schälen, Zucchini waschen, die Gemüse grob reiben (wohl dem, der eine Küchenmaschine hat). Das Gemüse mit den Eiern und dem Mehl vermischen, kräftig mit Salz und Pfeffer würzen. Öl in einer Pfanne erhitzen und die Gemüsemasse portionsweise schön braun ausbacken, auf einen Küchenkrepp abtropfen lassen und warm stellen. Die Puffer mit Kräuterquark servieren, schmecken auch kalt am nächsten Tag sehr lecker.

Vorlesen:
Verdeckte Operationen, S. 180

Zutaten (für 2 Personen):
300 g Möhren
500 g Zucchini
2 Eier
5 EL Mehl
Öl
250 g Quark
6 EL Sahne
1 kleine Knoblauchzehe
frische Kräuter (Petersilie, Schnittlauch, Kerbel, Dill oder was man sonst so im Quark mag, alternativ TK-Produkt)
Salz
Pfeffer

Risotto Otalia

Pilzrisotto mit Parmesan

Sie küssen sich, sie küssen sich nicht.
Sie küssen sich, sie küssen sich nicht.
Sie küssen sich, sie küssen sich nicht …

Schalotten schälen und fein würfeln, in den 40 g Butter glasig anschwitzen. Den Reis dazugeben, kurz anschwitzen und den Weißwein dazugießen, einkochen lassen, nach und nach die Brühe hinzugeben (so dass der Reis gerade mit Flüssigkeit bedeckt ist) und immer wieder einkochen lassen. Das dauert so ca. 15 Minuten. In der Zwischenzeit die in feine Scheiben geschnittenen Pilze kurz anbraten, unter das Risotto heben, weitere 5 Min. köcheln lassen, der Reis sollte gar sein, im Kern aber noch etwas Biss haben. Jetzt noch salzen und pfeffern, den geriebenen Parmesan und die 50 g Butter vorsichtig unterrühren, fertig. So ein Risotto kann man beliebig variieren, so kann man natürlich auch andere Pilze verwenden oder Spargel (in Stücke geschnitten und ca. 10 Min. gekocht) oder frische Kräuter oder …

Vorlesen:
Warum man Spaghetti einfach mögen muss, S. 106

Zutaten (für 4 Personen, falls Emma und Rafe mitessen):
50 g Schalotten
40 g Butter
viel Geduld
300 g Risottoreis
¼ l Weißwein
sehr viel Geduld
½ l Brühe
200 g Champignons
sehr, sehr viel Geduld
Schwarzer Pfeffer
Salz
60 g frischer Parmesan
50 g Butter
sehr, sehr, sehr viel Geduld

Klär of the Moon

Klare Tomatenessenz

Eine richtungsweisende Suppe, die es leicht macht, den Eltern alles in Ruhe klar zu machen.
Tochter: Ich möchte euch etwas erklären!
Mutter: Jetzt wird mir einiges klar!
Vater: Ich hatte immer gehofft, das klärt sich von alleine.
Suppe: Das wäre geklärt!
In ganz schweren Fällen mit dem Gesamtwerk von Chopin untermalen

Die in grobe Stücke geschnittenen Schalotten im Öl anschwitzen, das Tomatenmark hinzugeben und kurz anrösten. Dann die in Würfel geschnittenen Tomaten und alle anderen Formen von Tomate (getrocknet und aus der Dose) hinzugeben. Anschließend mit der Gemüsebrühe auffüllen, Lorbeerblätter, Pfefferkörner und Basilikum dazugeben und salzen. Das Ganze dann mindestens 40 Min.

köcheln, damit die Brühe schön den Tomatengeschmack annimmt. Die Brühe abkühlen lassen und dann durch ein mit einen Küchentuch ausgelegtes feines Sieb gießen. Für die Klößchen werden Milch, Butter und Salz aufgekocht und der Grieß unter ständigem Rühren dazugegeben. Wenn ein dicker Kloß am Löffel hängenbleibt, den Topf vom Herd nehmen und sofort ein Ei unterrühren. Dann die restlichen Eier gut untermischen. Danach sollte der Teig etwas ruhen und dann kann man das fein geschnittene Basilikum unterheben. Die Klößchen in siedendem Wasser (das heißt nicht mehr kochend, aber kurz davor) 5 Min. garen lassen. Da es relativ viele Klößchen werden, kann man auch nur die Hälfte mit Basilikum mischen und die restlichen Klößchen am nächsten Tag mit Kompott oder/und in Butter gebraten und mit Zimt und Zucker bestreut essen. Den Teig kann man gut einen Tag im Kühlschrank aufbewahren (kann man auch länger, nur dann ist es nicht mehr gut für den Magen) und man kann auch die bereits gekochten Klößchen am nächsten Tag wieder im Wasser erhitzen.

Vorlesen:
Variationen, S. 57
Wintereinbruch, S. 109

Zutaten (für 4 Personen):
200g Schalotten
2 EL Öl
4 EL Tomatenmark
1 Dose Tomaten
500 g Tomaten
100 g getrocknete Tomaten
1,6 l Gemüsebrühe
1 TL weiße Pfefferkörner
2 Lorbeerblätter
3 Zweige Basilikum
Salz
The Chopin Collection [Box Set]

dazu Basilikum-Grieß-Klößchen:
¼ l Milch
50 g Butter
100 g Grieß
3 Eier
Salz
Basilikum

Ginger ohne Fred

Möhren-Ingwer-Suppe

Wer bei diesem Rezept nicht merkt, dass das englische Wort für Ingwer „Ginger“ ist, muss bei der nächsten Frauenparty rückwärts und auf hohen Schuhen tanzen.

Die Möhren und den Ingwer schälen, Möhren in dünne Scheiben schneiden, Ingwer fein würfeln. Beides in der Butter anbraten, dann ca. einen EL Zucker über das Gemüse streuen und leicht karamellisieren lassen (Der Zucker sollte schmelzen, aber nicht zu braun werden. Um ein An-

brennen zu verhindern, ist Umrühren ein probates Mittel). Kokosmilch und Gemüsebrühe hinzugeben und das Ganze 30 Min. köcheln.
Die Kokosmilch sollte ungesüßt sein (wird ja keine Nachspeise).
Die Suppe mit einen Mixer pürieren und danach durch ein Sieb streichen.
Während die Suppe warm steht, das Toastbrot entrinden, in Würfel schneiden und in Butter braun rösten.
Suppe mit den Croutons servieren. Anwesende jüngere Frauen mit dem Wissen über Ginger Rogers Vornamen und ihre Filmkarriere verblüffen (langweilen).

Vorlesen:
Auf den Punkt!, S. 171

Zutaten (für 4 Personen):
400 g Möhren
80 g Ingwer (frisch)
50 g Butter
Zucker
600 ml Gemüsebrühe
150 ml Kokosmilch
Salz
Pfeffer

2 Scheiben Toastbrot
30 g Butter

Herbstliche Landlesbenträumerei

Rahmpfifferlinge mit Serviettenkloß

Liebe, lila Latzhosen, Landluft, Lesben-WG … die Älteren werden sich erinnern …

Pfifferlinge gründlich putzen (und ich meine gründlich, meine erste Pfifferlinge-in-Sahnesauce-Erfahrung war mit einer starken Backenzahnabnutzung verbunden – es kann recht sandig sein. Aber bitte nicht waschen, Pilze saugen sich mit Wasser voll und das ist nicht schön), größere Pilze halbieren. Die klein geschnittene Schalotte und Knoblauchzehe in der Butter andünsten, die Pilze zugeben und braten, bis keine Flüssigkeit mehr

austritt. Die Sahne dazu und etwas einköcheln lassen. Den gewaschenen, in Ringe geschnittenen Schnittlauch unterheben, mit Salz, Pfeffer und Zitronensaft abschmecken.
Die Brötchen in ca. 4 x 4 cm große Würfel schneiden und mit der Milch übergießen. Während die Brötchen das Milchbad genießen, die Zwiebel sehr fein (und das sollten sie sein) schneiden und in der Butter weich dünsten. Die Eier aufschlagen und mit Salz, einem Hauch Pfeffer, der gewaschenen und fein gehackten Petersilie (ca. 2 EL) und den mittlerweile abgekühlten Zwiebeln verrühren. Das Eigemenge und das Mehl mit den Brötchen vermischen. Die Brötchenmasse in einem nassen Küchenhandtuch zu einem Brotlaib formen und hübsch zu einem Bonbon verschnüren. Den Serviettenkloß (eigentlich müsste er Küchenhandtuchkloß heißen) in kochendes Salzwasser geben und dann ca. eine 3/4 Std köcheln lassen. Der Kloß sollte vollkommen mit Wasser bedeckt sein, da er aber gerne an der Oberfläche schwimmt, empfiehlt es sich, den Topf mit einen großen Deckel abzudecken. In Scheiben geschnitten passt der Serviettenkloß prima als Beilage zu den gebratenen Pfifferlingen oder anderen saucenträchtigen Gerichten. Reste (denn dieser Kloß ist sehr groß) kann man prima scheibenweise in Butter braten und mit Apfelmus essen – oder scheibenweise einfrieren.

Vorlesen:
Das Fest der Liebe, S. 149

Zutaten (für 2 Personen):
300 g Pfifferlinge
1 Knoblauchzehe
1Schalotte
2 El Butter
150 ml Schlagsahne
1 Bund Schnittlauch
Pfeffer
Salz
1 Spritzer Zitronensaft

10 altbackene Brötchen
200ml Milch
6 Eier
50g Butter
1 Zwiebel
Salz
Pfeffer
Petersilie
2–3 EL Mehl

The L-Soup

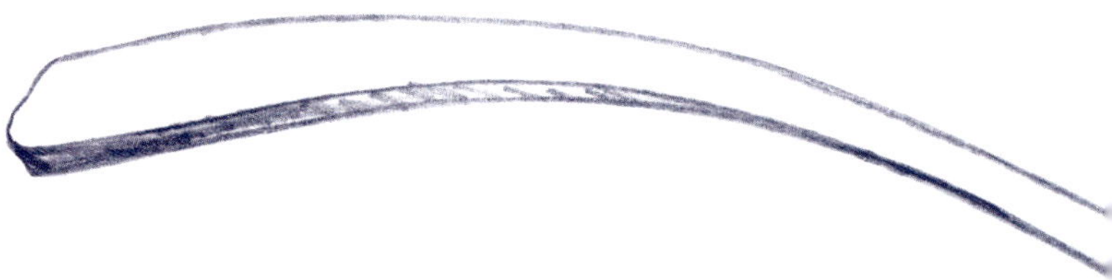

Leckere Linsensuppe

Die Suppe. Der Sellerie. Die Serie.
Talking, laughing, loving, breathing, fighting, fucking, crying, drinking, riding, winning, losing, cheating, kissing, thinking, dreaming.

Die Möhre, den Lauch und das Stück Sellerie putzen und in kleine Würfel schneiden. Das gewürfelte Suppengemüse im Öl anbraten, die Linsen hinzugeben, kurz anbraten und mit 1 l Wasser auffüllen. Ca. 20 Min. köcheln lassen, nach Geschmack 1 TL oder mehr Gemüsebrühe einrühren, salzen. Die Kartoffel schälen, in kleine Würfel schneiden, in die Suppe geben und nochmals 15 Min. köcheln. Bei Bedarf Wasser nachgießen (die

Linsen quellen tüchtig auf). Wenn die Kartoffeln und die Linsen weich sind, ist auch die Suppe fertig. Mit Salz und Pfeffer abschmecken – fertig. Die feingehackte Petersilie auf die Suppe geben. Das schmeckt lecker, ist besser für die Verdauung und schützt die anschließende Filmnacht vor störenden Geräuschen.

Vorlesen:
Niemand ist eine Insel, S. 187

Zutaten (für 3–4 Personen):
1 Bund Suppengemüse
(Möhre, Lauch, Sellerie)
500 g Tellerlinsen
(od. Berglinsen)
Gemüsebrühe (Fertigprodukt)
2–3 Kartoffeln
2 EL Öl
Pfeffer
Salz
glatte Petersilie
Kalte Winter
verregnete Sommer
gemütliches Sofa
The L Word
Die kompletten Seasons 1–4
(16 DVDs)

Instant Craving

Praktische Gemüsebrühe

Die warme Gemüsebrühe für gebrochene Herzen, unstillbare Sehnsucht, kalte Winter oder überraschende Gäste.

Die Zwiebeln schälen und in grobe Stücke schneiden, Möhren und Petersilienwurzeln waschen, Wurzelansatz abschneiden und in grobe Stücke schneiden. Den Porree längs halbieren, waschen und auch ihn in grobe Stücke schneiden. Sellerie schälen und ebenfalls grob stückeln. Tomaten waschen, Champi-gnons putzen und auch diese beiden (welche Überraschung) in grobe Stücke schneiden. Petersilie waschen und jetzt kann es losgehen. Einen wirklich großen Topf mit 3 l Wasser füllen und alles (also auch Lorbeerblätter, Piment- und Pfefferkörner und eine gute Prise Salz) bis auf die Champignons hineingeben. Das Ganze einmal aufkochen und dann bei kleiner Hitze 50 Min. vor sich hin köcheln lassen. Die Pilze hinzugeben und nochmals 20 Min. weiter köcheln. Die Suppe muss gut abkühlen,deshalb lässt man sie am besten über Nacht stehen. Abgekühlt die Suppe durch cin grobes Sieb abgießen, das Gemüse leicht ausdrücken und zum guten Schluss die Brühe nochmals durch ein mit einem Küchentuch ausgelegtes Sieb schütten. 3 l sind schon eine ganz schöne Menge, aber man kann die Brühe prima portionsweise einfrieren. (Irgendeine Freundin hat bestimmt bald wieder Liebeskummer.) Köchinnen, die beeindrucken wollen, füllen die Brühe kochend heiß in eine Flasche und haben sie dann längere Zeit für ein Risotto oder eine Suppe zur Hand, bzw. im Kühlschrank. Ein solches Süppchen ist dann schnell gemacht, Brühe auftauen, Grießklößchen oder in Streifen geschnittener Pfannkuchen, in dünne Streifen geschnittenes Gemüse, Nudeln oder Reis dazu – fertig.

Vorlesen:
Hinterm Mond, S. 166

Zutaten:
4 große Zwiebeln
3 große Möhren
2 Petersilienwurzeln
4 Stangen Porree
400 g Sellerie (Knolle)
200 g Champignons
4 große weiche Tomaten
1 Bund Petersilie
2 Lorbeerblätter
10 Pimentkörner
1 TL weiße Pfefferkörner
1 TL schwarze Pfefferkörner
Salz
Herzschmerz
Liebeskummer
Extreme Winter-Vorrats-Koch-Stimmung

Nacht in Nizza

Klassischer Salat Niçoise

Ein Salat, ein Gefühl, eine Frau, die mehr zeigen möchte als sie bisher gezeigt hat. Oder wie die schöne Grace Kelly es ausdrückte:
"I have a feeling that tonight you're going to see one of the Riviera's most fascinating sights."

Zunächst muss man für diesen Salat einige Zutaten kochen, aber dann geht alles ganz schnell und man hat einen richtig leckeren Salat. Kartoffeln waschen und in der Schale gar kochen, Eier hart kochen, die Bohnen waschen, putzen und ca. 8 Min. in ziemlich salzigem Wasser köcheln. (Einfach mal probieren, sie sollten noch Biss haben – Bohnen niemals roh essen, sie enthalten Giftstoffe, die durch das Kochen verschwinden, das salzigere Wasser sorgt außerdem für einen guten Geschmack und auch dafür, dass die Bohne ihre Farbe behält). Dann mit viel kaltem Wasser abschrecken. In der Zwischenzeit den Salat putzen (man benötigt nicht den ganzen Kopf, nehmt nur die schönen knackigen inneren Blätter) und in mundgerechte Stücke zupfen, die Zwiebel in Ringe, die Tomaten in Achtel und die Paprika in Rauten schneiden. Aus der gepressten Knoblauchzehe, Senf, Essig und Öl eine Vinaigrette zaubern (ich nehme da gerne ein kleines Schraubglas als Schüttelbecher), mit Salz, Pfeffer und einer Prise Zucker abschmecken. Dann den Salat anrichten: Salat in einem tiefen Teller verteilen, die geschälte, klein geschnittene Kartoffel, die Bohnen, Tomate und Paprika hübsch verteilen, dann den größten Teil des Dressings darauf geben. Jetzt noch den Thunfisch, die Zwiebel, Sardellen, Ei und Oliven liebevoll drapieren, den Rest Vinaigrette übergießen und mit einem knusperigen frischen Baguette essen.

Alles Andere muss sich dann ergeben.

Vorlesen:
Auf den Punkt!, S. 171

Zutaten (für 2 Personen):
100 g grüne Bohnen
2 mittelgroße Kartoffeln
2 Eier
1 Kopf Salat (Eichblatt, Lollo oder Blattsalat, was gerade am besten aussieht)
1 rote Paprikaschote
1 Tomate
1 rote Zwiebel
10 schwarze Oliven (oder mehr)
8 Sardellenfilets in Öl
1 Dose Thunfisch in Öl
1 Riviera
1 Cabrio

1 Knoblauchzehe
1 TL grober Dijonsenf
3 EL weißer Balsamicoessig
6 EL Olivenöl
Salz
Pfeffer
Zucker

Grätchen in Uniform

Lachs-Spinat-Crepes-Röllchen

Was Manuela von Meinhardis nach dem Hauswirtschaftsunterricht für Fräulein von Bernburg kochen würde.

Die Butter schmelzen, – Achtung! – **2** Eier, Mehl und Milch verrühren, das abgekühlte Fett untermischen, salzen und 20 Min. quellen lassen. In der Zwischenzeit den Spinat kochen, abschrecken und ausdrücken. Das verbliebene Ei trennen (Eigelb aufheben, das brauchen wir noch), den Lachs fein würfeln und mit Eiweiß, 1 EL Zitronensaft, 4 EL Sahne und Salz und Pfeffer mischen, kalt stellen. Den Spinat fein hacken und in einem EL Öl mit der fein gehackten Knoblauchzehe andünsten. Aus dem Teig 4 Pfannkuchen backen, die Hälfte des Spinats und des fein geriebenen Parmesans darauf verteilen. Die Lachsmischung in die Mitte geben und aufrollen. Den restlichen Spinat in eine Auflaufform geben, die Pfannkuchenrollen in Scheiben schneiden und auf den Spinat legen. Jetzt noch die restliche Sahne, das Eigelb und den restlichen Käse vermischen, mit Salz und Pfeffer würzen, über die Pfannkuchen gießen und ab in den Backofen für ca. 25 Min. bei 200°C.

Vorlesen:
Verdeckte Operationen, S. 180

Zutaten (für 4 Personen):

3 Eier
40 g Butter
40 g Mehl
100 ml Milch
Salz
Pfeffer
750 g TK Blattspinat
1 Knoblauchzehe
200 g frischen Lachs
1 Zitrone
250 g Sahne
100 g frischer Parmesan
saubere, weiße Schürze

Rubinroter Dschungel

Ratatouille

Junges Gemüse zu älteren Büchern

Alle Zutaten grob würfeln. (Die Bücher, den Knautschsack und die Lavalampe vielleicht lieber nicht.) Zuerst die Zwiebeln und die Knoblauchzehen im Olivenöl anbraten, dann die Paprika und Zucchini in den Topf geben. Das Tomatenmark unterrühren, 5 Min.. köcheln lassen. Dann die gewürfelten Tomaten und die Thymianzweige zugeben. Das Ganze 30 Min. bei mittlerer Hitze köcheln, Thymian herausfischen, mit Salz und Pfeffer abschmecken – fertig. Mit frischem Baguette essen, dabei lesen und wehmütig werden (für die Älteren). Mit frischem Baguette essen, lesen und ungläubig den Kopf schütteln (für die Jüngeren).

Vorlesen:
Das Fest der Liebe, S. 149

Zutaten (für 2 Personen):
2 Zwiebeln
3 Knoblauchzehen
½ rote Paprikaschote
½ grüne Paprikaschote
2 kleine Zucchini
3 kleine Tomaten
2 EL Tomatenmark
Salz
Pfeffer
2 Zweige Thymian
Knautschsack
Lavalampe
lesbische Literatur
der 70er und 80 er Jahre

Spaghetti
Na? Nie! Nie?

Spaghetti mit Auberginen und Mozzarella

Meravigliosa creatura sei sola al mondomeravigliosa paura di averti accantoocchi di sole mi bruciano in mezzo al cuoreamo la vita meravigliosa

Die Zwiebel und die Knoblauchzehe fein würfeln, in einem EL Olivenöl andünsten, mit den passierten Tomaten auffüllen und mit Salz, Pfeffer und einer Prise Zucker abschmecken. Das Ganze vor sich hin (oder her) köcheln lassen und sich in der Zwischenzeit den anderen Dingen zuwenden. Das heißt, während das Nudelwasser zum Kochen gebracht wird, die Aubergine und den Mozzarella in ca. 2 cm große Würfel schneiden. Wenn dann die Nudeln zu Wasser gelassen wurden, beginnt man damit, die Auberginen in einer Pfanne mit heißem Olivenöl schön braun zu braten. Basilikum in feine Streifen schneiden und zu der Sauce geben. Nudeln abgießen, Auberginen auf einem Küchenkrepp abtropfen lassen. Nudeln mit der Sauce anrichten, die gebratene Auberginen und der Mozzarella werden extra gereicht und können am Tisch nach Belieben unter die Nudeln gemischt werden..

Vorlesen:
Warum man Spaghetti einfach mögen muss, S. 106

Zutaten (für 2 Personen):
250 g Spaghetti
1 Zwiebel
1 Knoblauchzehe
250 ml passierte Tomaten
1 Bund Basilikum
Salz
Pfeffer
Zucker
5 EL Olivenöl
1 kleine Aubergine
1 Mozzarella
Wörterbuch:
Italienisch-deutsch
raue Stimme

Somewhere under the Rainbow

Suppe

Die kräftige Suppe zur Parade. Oder umgekehrt.

Die Bohnen über Nacht in einem Topf Wasser einweichen. Die abgetropften Bohnen (ja, wir sind schon einen Tag weiter) in einen Topf mit kochendem aber ungesalzenem Wasser geben und 15 Min. köcheln, wieder abgießen. In einen großen Topf die Zwiebel und die Knoblauchzehen in 2 EL Öl anbraten, die klein geschnittenen Tomaten, Rotwein, Brühe (hier kann man ein Fertigprodukt oder, falls schon hergestellt, wunderbar die hausgemachte Gemüsebrühe verwenden) und die weißen Bohnen hinzufügen. Deckel drauf und für **2 Std.** bei kleiner Hitze köcheln. (Herde verfügen ja mittlerweile fast alle über eine Einstellungsskala von 1–9, also ruhig mal in die niedrigen Zahlenbereiche gehen.) Nach zwei Stunden die geputzten und in Scheiben geschnittenen Möhren, den Staudensellerie, die geschälten und gewürfelten Kartoffeln und das Tomatenmark dazu geben, 20 Min. garen. Danach die in Stücke geschnittenen Bohnen und die in Scheiben geschnittenen Zucchini hinzugeben, würzen und nochmals 15 Min. köcheln. In der Zwischenzeit die Hörnchennudeln nach Bedarf kochen. Ich koche die Nudeln nie in der Suppe (es sei denn, sie wird komplett aufgegessen), weil sie beim Aufwärmen weich und pappig werden. Am Tisch kann sich jeder nach Geschmack Parmesan über die Suppe hobeln.

Vorlesen:
Niemand ist eine Insel, S. 187

Zutaten (für 6–8 Personen, kann man herrlich auf Vorrat kochen):
250 g weiße Bohnenkerne (Achtung, die müssen über Nacht eingeweicht werden)
2 EL Öl
2 Zwiebeln
2 Knoblauchzehen
3 Tomaten
2 ½ l Gemüsebrühe
4 EL Rotwein
2 Möhren
2 Kartoffeln
2 Stangen Staudensellerie
4 EL Tomatenmark
100 g grüne Bohnen (frisch oder Tiefkühlware)
2 kleine Zucchini
Salz,
Pfeffer
Hörnchennudeln
Parmesan

Begierde

Überbackene Tomaten mit süßen Linsen

Zwei hungrige Nachtschwärmerinnen, zwei rote Nachtschattengewächse auf einem Bett aus Linsen … da sollte man zubeißen.

Linsen in reichlich Wasser ca. 30 Min. bissfest kochen, erst zum Ende der Kochzeit salzen. Die Linsen abschütten und abtropfen lassen, in der Zwischenzeit Sellerie putzen und wie die Schalotte würfeln, Möhren schälen und wie den geputzten Porree in Scheiben schneiden. Das Gemüse in 2 EL Olivenöl ca. 10 Min. in einer Pfanne andünsten, mit den Linsen mischen und lauwarm mit der Mischung aus 4 EL Olivenöl, dem Essig, süßem Senf, Salz, Pfeffer und einer Prise Zucker vermengen. Die Tomaten in ca. je 4 dicke Scheiben schneiden, in einem EL Olivenöl kurz anbraten, mit Salz und Pfeffer würzen und mit Fetascheiben belegen. Unter dem Grill goldbraun überbacken. Zum Schluss etwas feingehackte Petersilie unter den Linsensalat heben und mit den überbackenen Tomatenscheiben servieren. Falls man vor lauter Beißen nicht zum Essen kommt, schmeckt der Linsensalat auch am nächsten Tag noch prima.

Vorlesen:
Das F-Wort, S. 162

Zutaten (für 2 Personen, natürlich):
2 große Tomaten
150 g Feta-Käse
200g Berglinsen
2 Stangen Staudensellerie
1 Möhre
1 Stange Porree
1 Schalotte
Petersilie
Olivenöl
2 EL Balsamicoessig
2 TL süßer Senf
Salz
Pfeffer
Zucker
spitze Eckzähne

Linguini „Liv und Ann“

Bunte Gemüsenudeln mit Thunfisch

Die Nudelsoße für die Frau, die, bevor sie mit einer Freundin zu Fuß die Antarktis durchquert, erst mal in der Küche etwas Neues ausprobieren will.

Die Zwiebeln und die Knoblauchzehe fein würfeln, in 2 EL Olivenöl kurz anbraten, mit den passierten Tomaten auffüllen. Wer genügend Zeit hat, lässt das ganze 20 Min. köcheln, für ganz Eilige (Die Polkappen schmelzen!) ist es aber auch lecker, wenn die kleingewürfelten Paprikaschoten und die Erbsen sofort zugegeben werden. Alles ca. 10 Min. köcheln lassen und in der Zwischenzeit die Nudeln nach Packungsbeilage zubereiten. Während die Nudeln kochen, den Thunfisch in die Sauce geben und mit Salz, Pfeffer und einer Prise Zucker (Zucker ist immer gut in Tomatensaucen, hier gilt es herauszufinden, wieviel man lecker findet) würzen. Beherzt mit Cayennepfeffer abschmecken, das in Streifen geschnittene Basilikum dazugeben – fertig.In diese Sauce kann man nach Belieben Gemüse geben. Einfach mehrere mutige Marktexpeditionen starten und herausfinden, was besonders gut schmeckt. Schlitten dabei besser zu Hause lassen.

Vorlesen:
Tonfolgen, S. 67

Zutaten (für 2 Personen, einen Südpol und einen Schlitten):
250 g Linguini
1 Zwiebel
1 Knoblauchzehe
350 ml passierte Tomaten
½ rote Paprikaschote
3 EL Tiefkühlerbsen
1 Dose Thunfisch
2 EL Öl
2 Zweige Basilikum
Zucker
Pfeffer
Salz
Cayennepfeffer
Fantasie
Mut
Ausdauer
Kompass

Dykes on Purple Bikes

Gefüllte Auberginen, überbacken

Heiß wie ihr Auspuff. Das Gericht für die coole Motorradbraut in uns allen.

Ratatouille nach Rezept herstellen. Von der Aubergine den Stiel abschneiden, längs halbieren und aushöhlen (es sollte ein ca. ½ cm dicker Rand bleiben). Die Auberginenhälften innen mit Olivenöl auspinseln und in einer Pfanne mit dem gleichen Öl beidseitig bei milder Hitze anbraten. In der Zwischenzeit die Zwiebeln klein würfeln, in Öl anbraten, mit den passierten Tomaten auffüllen, kräftig würzen und mindestens 20 Min. köcheln. Die fertige Tomatensauce in 2 kleine oder in eine große Auflaufform füllen, die Auberginen mit Ratatouille füllen und mit in Scheiben geschnittenem Schafskäse belegen. Ab in den Backofen bei 190°C für 30 Min. (der Schafskäse sollte schön braun sein).

Vorlesen:
Das F-Wort, S. 162

Zutaten (für 1 Bikerin plus Sozia):
1 mittelgroße feste Aubergine
Ratatouille (siehe Rezept in diesem Buch)
1 kleine Zwiebel
400 ml passierte Tomaten
Salz
Pfeffer
Zucker
Cayennepfeffer
150 g Schafskäse
weißes Muskelshirt
buntes Stirnband
schwarze Lederhose

Infam

Falsches Frikassee

Shirley war anders, Audrey war hübsch, das Kind war gemein und die Lesbe am Ende tot. Ein Klassiker eben, wie Frikassee!

Die Schalotte fein würfeln, Champignons putzen und halbieren oder vierteln, Spargel schälen und in ca. 3 cm große Stücke schneiden. Die

Schalotten in der Butter anschwitzen, Champignons und Spargel dazugeben, mit Salz, Pfeffer und einer Prise Zucker würzen. Das Mehl hinzugeben, kurz anschwitzen und mit der Brühe und der Sahne auffüllen. Die Erbsen dazugeben und das Ganze 10 Min. köcheln lassen – köcheln, nicht wild kochen. Noch einmal mit Salz, Pfeffer und Zitronensaft abschmecken, fertig. Dazu gibt es Reis, den man nach Geschmack aus dem Beutel oder lose zubereiten kann. Außerhalb der Saison kann man auch tiefgefrorenen Spargel verwenden, den aber dann auch gefroren verarbeiten, nicht auftauen, sonst wird er arg labbrig. Schmerzfreie können auch Spargel aus dem Glas nehmen, den braucht man dann aber nicht anzubraten, sondern gibt ihn erst nach der 10 minütigen Köchelzeit in die Sauce.

Vorlesen:
Das F-Wort, S. 162

Zutaten (für 2 Personen):
1 Schalotte
25 g Butter
25 g Mehl
150 g kleine Champignons
50 g Erbsen
4 Stangen Spargel
200 ml Gemüsebrühe
150 g Sahne
Zitrone
Salz
Pfeffer
Zucker
Reis
DVD: Infam, USA 1961
Starke Nerven
Taschentücher

Frieda „knusprig“ mit Guacamole

Tacoauflauf mit Avocadocreme

Essen, wie gemalt.

Die Zwiebel und den Knoblauch fein würfeln, in Öl anbraten, die klein geschnittene Paprikaschote dazu und mit den Pizzatomaten auffüllen. Das Ganze darf dann leise vor sich her köcheln. In der Zwischenzeit eine Guacamole herstellen:

Die Avocado halbieren, den Stein heraus und die Avocado dann mit einer Gabel zerdrücken, sofort mit 1–2 EL Zitronensaft vermischen (sonst ist die Masse ganz schnell grau und behält nicht diese herrlich grüne Farbe), eine kleine Knoblauchzehe hineinpressen, die Frühlingszwiebeln klein hacken und dazugeben, die Tomate entkernen und in ganz ganz kleine Würfel schneiden, auch untermischen. Salzen und pfeffern, kaltstellen. Weiter geht es mit dem Taco-Auflauf, die Hälfte der Bohnen und 3–4 EL Mais zu der Sauce geben und mit Salz, Pfeffer, Zucker und Chilipulver abschmecken, das Ganze darf schon eine gewisse Schärfe haben, erstens bewegen wir uns hier in mexikanischen Gefilden und zweitens wird die Schärfe später durch die saure Sahne wieder gemildert. Die restlichen Bohnen mit einem Mixstab und etwas Wasser zu einen dicken Bohnenmus zerkleinern. Dieses Mus kommt komplett als unterste Schicht in die Auflaufform, dann die Zutaten schichten, abwechselnd Tortillachips, Sauce, 1 El saure Sahne, etwas Käse. Die abschließende Schicht sollte der Käse sein. Den Auflauf für ca. 30 Min. bei 200°C in den Backofen. Die Guacamole aus dem Kühlschrank nehmen und dazu servieren. Der Rest des Abends hängt stark von der Menge Tequilla und dem Muster des Ponchos ab.

Vorlesen:
Auf den Punkt!, S. 171

Zutaten (für 2–3 Personen):
2EL Öl
1 Zwiebel
1 Knoblauchzehe
1 rote Paprikaschote
1 kleine Dose Kidneybohnen
1 kleine Dose Mais
1 Dose Pizzatomaten
150 g Tortillachips
1 Becher saure Sahne
100 g geriebener Gouda
Salz
Pfeffer
Zucker
Chilipulver
1 hohe Auflaufform

dazu Guacamole:
1 reife Avocado
1 Knoblauchzehe
1 Zitrone
1 Tomate
2 Frühlingszwiebeln
Salz
Pfeffer

Bunter Poncho
Goldener Tequilla

When Knife is Falling

Fächerkartoffeln mit Thunfischfilets und Möhrenmus

Frauen, die sich nicht zwischen einer christlichen Ehe und dem Leben als lesbische Messerwerferin im Zirkus entscheiden können, schauen erstmal, ob sie diese Kartoffeln auch im fahrenden Wohnwagen gefächert bekommen.

Die Kartoffeln waschen und schälen, eine Seite abflachen, auf diese Fläche legen und in 2 mm Abständen tief einschneiden aber nicht durchschneiden (am besten legt man die Kartoffeln zwischen 2 Kochlöffel oder zwei

Essstäbchen). Die Erdäpfel in eine Schüssel kaltes Wasser legen, denn jetzt ist schon das Möhrenmousse dran. Die Möhren schälen und in 1 cm dicke Scheiben schneiden. 20 Min. in Salzwasser kochen, Wasser abgießen und die Möhren pürieren. Die Masse mit Eigelb, Speisestärke, Semmelbröseln und Crème fraîche mischen, mit Salz, Pfeffer und Muskatnuss würzen. Jetzt können die Kartoffeln in den Backofen. Dafür die eben genannten in eine Auflaufform setzen, mit 125 g zerlassener Butter übergießen, mit Hagelsalz bestreuen und für 80 Min. bei ca. 170°C in den Ofen. Ein Backblech buttern und das Möhrenmousse in einen Spritzbeutel geben. Das Mousse auf das Backblech in Formen, die das Herz begehrt, spritzen. Ca. 15 Min., bevor die Kartoffeln fertig sind, ab in den Backofen. Jetzt sollten auch die Thunfischfilets in Angriff genommen werden. Von beiden Seiten scharf anbraten, mit Salz und Pfeffer würzen und entweder zum Möhrenmousse in den Ofen oder in der Pfanne garziehen lassen. Die restlichen 125 g Butter in einer kleinen Pfanne zerlassen, die in Scheiben geschnittenen Frühlingszwiebeln, feingehackte Petersilie und Dill dazugeben und die Butter mit 1–2 EL Zitrone abschmecken. Auf einem Teller das Thunfischfilet mit Zitronen-Kräuterbutter übergießen und mit Fächerkartoffeln und Möhrenmousse anrichten.

Vorlesen:
Tonfolgen, S. 67
Wintereinbruch, S. 109

Zutaten (für 4 Personen):
4 Thunfischfilets
8 große Kartoffeln
250 g Butter
Hagelsalz
400 g Möhren
2 Eigelbe
50g Crème fraîche
2 EL Speisestärke
30 g Semmelbrösel
2 Lauchzwiebeln
½ Bund Dill
½ Bund Petersilie
Zitronensaft
Muskatnuss
Salz
Pfeffer
Wohnwagen
Zirkus
hautenges Kostüm

Much Better than Chocolate

Vanilleeis in Zimtknusperhülle

Das definitive Dessert für den Abend, an dem der Satz: „Ich finde dich süß und knusprig", einfach nicht über die Lippen kommen will.

Die Cornflakes in eine Gefriertüte geben und mit einem Löffel von außen zerdrücken (nicht zu fein, sonst ist kein Knusper mehr da). Cornflakes mit Zimt und Zucker mischen, das Eis in Kugeln, Herzen oder Sternen portionieren und in der Knuspermischung wälzen. Mit dem geschnittenen Obst hübsch arrangieren – fertig. Ungeduldige und Mutige servieren das Eis unbehandelt mit den Pfirsichen und wälzen sich selber in der Knuspermischung.

Vorlesen:
Morgen, Kinder, wird's was geben, S. 98
Wintereinbruch, S. 109

Zutaten (für 2 Personen):
1 Packung Vanilleeis
4 EL Zucker
2 Tl Zimt
1 Tasse Cornflakes
Pfirsiche aus der Dose
Kerzen
Vielsagende Blicke
Musik:
Saving Jane: Come down to me,
Susan Enan: Bring on the wonder,
Kuschelrock 1-22

Süße Melancholie

Bunter Melonensalat

Die wehmütige Nachspeise oder: Auf der Suche nach der verlorenen Zeit mit Melonen.

Die Melonen würfeln oder mit einem Kugelausstecher bearbeiten (rund sieht schon schöner aus). Die Melonenkugeln (oder -würfel) mit Zitrone und Vanillezucker vermischen und kalt stellen. In der Zwischenzeit Joghurt und Crème fraîche mit dem Zucker vermengen. Die Mandelstifte in einer Pfanne (ohne Fett!!) hellbraun rösten und sobald die gewünschte Färbung erreicht ist, schnell aus der Pfanne nehmen. (Die ist nämlich meistens heiß und die Mandelstifte allzu schnell dunkelbraun bis schwarz.) Danach die Melonen in Schälchen verteilen, Joghurtmischung und Mandelstifte darauf verteilen. In der Mischung aus Frucht, Süße und Creme ausgiebig nach dem Geschmack vergangener Sommer suchen.

Vorlesen:
Tonfolgen, S. 67

Zutaten (für 2–3 Personen):

150 g Honigmelone
150g Wassermelone
150 g Netzmelone
4 EL Zitronensaft
1 Päckchen Vanillezucker
150 g Crème fraîche
100 g Joghurt
1-2 EL Zucker
30 g Mandelstifte
Sommerabende
sinkende Sonne
sehnsüchtige Gedanken
an verlorene Lieben …

Küssen

Variationen

Gehört zu „Klär of the Moon" wie coming zu out.

Bis zur dritten Stunde hatte ich ein blassrotes Pickelmassiv, das sich über Nacht auf meinem Kinn erhoben hatte, für mein größtes Problem gehalten, jetzt wurde ich im neuen Biologiesaal der Stufe zwölf, zwischen Zeichnungen von Quastenflossern und bunten Modellen der menschlichen DNA, eines Besseren belehrt.

Alles fing damit an, dass sie sich einfach neben mich setzte. Natürlich kannte ich sie flüchtig vom Sehen, denn sie war vor der Oberstufe schon in einer meiner Parallelklassen gewesen. Wie ich fuhr sie außerdem schon seit Jahren mit dem Rad zur Schule. Das hatte ich zu Beginn der neunten Klasse bemerkt, als sie eines Morgens unverhofft ein paar Meter vor mir auf dem Radweg auf der gegenüberliegenden Straßenseite erschienen war. Wir kamen zwar nicht ganz aus der gleichen Gegend, aber unser Schulweg war auf den letzten zwei Kilometern identisch. Jedenfalls war er das, wenn ich statt des direkten Weges den landschaftlich schöneren Umweg durch die Wiesen nahm. Dann tauchte sie an manchen Morgen aus einem Feldweg auf, schlingerte mit halsbrecherischem Tempo in die Kurve und jagte dann die Straße vor mir hinab. Immer auf der falschen Seite, wo die Wurzeln der großen Platanen den Asphalt auf dem Radweg wellenartig hochgedrückt hatten, so dass man mehr springen musste als fahren konnte. Die Geschwindigkeit und das Risiko schienen ihr zu gefallen, denn weder Uhrzeit noch Unterrichtsinhalte machten einen solch wilden Fahrstil nötig. Ich fuhr, wenn ich es schaffte, in großem Abstand hinter ihr her und fühlte mich, als ob ich eine fliehende Amazone auf einem galoppierenden Pferd verfolgte. Kurz vor der Schule zügelte sie ihren wilden Ritt und ihr dunkler Hengst verwandelte sich mühelos zurück in ein leicht verbeultes Mountainbike. Dann nahm sie mit elegantem Schwung ihren schwarzen Helm ab, schüttelte die langen Locken frei und auf dem kurzen Weg vom Fahrradkeller zum Schulgebäude wurde aus einer furchtlosen Kriegerin eine brave Schülerin. Einmal hatte ich, natürlich ganz aus Versehen, mein Fahrrad an ihres gekettet. Ausgerechnet an diesem Tag waren aber die letzten beiden Stunden in meiner Klasse einfach ausgefallen und obwohl ich das Schloss unzählige Male geöffnet und geschlossen hatte, um zu überprüfen, ob es wirklich funktionierte, hatte sie sich nicht blicken lassen.

Sie war außerdem bildhübsch, wahnsinnig beliebt und über die Freundin einer Klassenkameradin sogar in meiner ICQ-Liste gelandet. Gesprochen hatte ich allerdings noch kein einziges Wort mit ihr.

Da saß sie nun ganz dicht neben mir und lächelte mich an. Ich sah mich hilfesuchend um, aber niemand schien meine Notlage zu erkennen. Warum musste Dorian ausgerechnet heute fehlen. Ich hatte ihm einen Platz freigehalten, weil ich die SMS, in der er mir mitteilte, dass er krank sei, erst viel zu spät gesehen hatte. „Ist doch frei hier, oder?“, sagte sie freundlich, als sie meinen nervösen Rundblick bemerkte. Ich starrte wortlos zu ihr hinüber und atmete den Duft ihrer Haut ein, die nach Sommer und frischer Seeluft roch. Dann fielen meine Lungenflügel mitten in einem tiefen Atemzug ruckartig zusammen. „Klar“, wollte ich eigentlich sagen, ganz cool, ganz ruhig. Aber mein Mund öffnete und schloss sich und kein Ton war zu hören. Neuer Versuch. Mund auf. Mund zu. Nichts. Ich schaute auf das Bild des Quastenflossers und sah, dass er mir aufmunternd zulächelte. Sie sah mich immer noch an. Aus der Nähe sahen ihre Gesichtszüge noch viel perfekter aus. In ihren Augen war ein heller Kranz um ein intensives Blau, das von geheimnisvollen Atollen in tropischen Meeren erzählte. Und das Piercing in ihrer Nase glitzerte wie ein kleiner Wassertropfen. Warum hatte ich auf einmal Durst? Ich merkte wie mein Mund sich vorschob und langsam schmaler wurde. Ich schnappte verzweifelt nach Sauerstoff im ungewohnten

Element. Im Fenster neben meinem Platz konnte ich sehen, wie meine Augen glasig wurden und auf dem Kopf zur Seite wanderten. Meine Haut glänzte schuppig, meine Arme verschwanden im Körper, ich wand mich hin und her. Stumm und nach Luft schnappend. „Blupp", brachte ich schließlich voller Panik hervor und schwamm hinter meinen Rucksack. Sie nickte, offensichtlich etwas verwirrt, und packte ihre Bücher aus. Den Rest der Stunde sprach sie kein Wort mit mir und ich öffnete und schloss verzweifelt mein stummes Fischmaul und übte mich in Kiemenatmung. In der Pause rannte ich auf die Toilette und betrachtete mich ängstlich im Spiegel. Alles war wieder so, wie es ein sollte, ohne Schuppen, ohne Flossen. Meine Nase, meine Augen, das durchschnittliche Gesicht, das unerwünschte Pickelgebirge, alles war da, wo es hingehörte. Ich sah den Blick meines Spiegelbildes und bemerkte dass er äußerst fragend war. Zu Recht, dachte ich. Was war passiert? Nicht Besonderes. Ich hatte mich einfach heute Morgen, zu Beginn des Biologiegrundkurses in Anwesenheit einer ganz bestimmten, außergewöhnlichen schönen Mitschülerin ohne Vorwarnung in einen Fisch verwandelt. Das war passiert. Aber wie konnte das passiert sein? Vielleicht hatten all diese Handystrahlen doch wesentlich weiter reichende Folgen, als man uns glauben machen wollte, und es gab Dinge, die man mir über die Spätphase der Pubertät nicht erzählt hatte. Oder, und das war die Befürchtung, über die ich nicht einmal mit meinem Spiegelbild sprechen wollte, ich würde es in der Anwesenheit mancher Frauen nicht dauerhaft schaffen, die zu bleiben, die ich sonst war. Ich überstand den Schultag ohne weitere Vorfälle und googelte am späten Abend den Begriff „Verwandlung". Keine Hinweise auf vergleichbare Fälle. Menschen verwandelten sich bei Mondlicht in Wölfe und Fledermäuse, in gehobener Literatur auch schon mal in einen Käfer, aber bislang schien sich keine Siebzehnjährige in der reformierten Oberstufe in einen Quastenflosser verwandelt zu haben. Da ich keine Schuppen und Flossen zurückbehalten hatte, beschloss ich, die Sache zu vergessen, so wie ich vergessen hatte, dass ich im letzten Sommer viel zu oft an ihrem Haus vorbeigefahren war. Was mir natürlich ausgerechnet in diesem Moment wieder einfiel. Ich verbrachte die Nacht damit, den dunklen Himmel nach glühenden Sternschnuppen abzusuchen, und ließ mir dabei die Musik aus den Kopfhörern direkt in die Gehirnregion jagen, die ihr Bild mutwillig durch mein ganzes Bewusstsein funkte. You cut me open and I keep bleeding love, schrie Leona Lewis mit der brutalen Überzeugungskraft, die nur Popmusik besitzt, in meinem limbischen System. Vor dem Einschlafen legte ich mein Handy vorsichtshalber etwas weiter vom Kopfkissen weg, träumte in der Nacht von Meerjungfrauen mit Messern und fliehenden Fischen.

„Du hast was?“ Dorian blies den Rauch der Wasserpfeife langsam in die Luft. Wir lagen auf großen bunten Kissen in seinem Zimmer und plötzlich musste ich von ihr reden. „Ich habe neben ihr in Bio gesessen. Wir haben uns unterhalten“, sagte ich angemessen gelangweilt, um das helle Licht, dass ihr Name in mir entzündete, etwas zu dimmen. Mir erschien eine vollkommen grätenfreie Version meines Erlebnisses zudem etwas verträglicher.

„Sehr coole Frau. Irgendwie geheimnisvoll und unerreichbar … ist viel mit Älteren unterwegs.“ Dorians Blick wurde verträumt.

Blupp, dachte ich und meine Rippen schmerzten dort, wo meine Kiemen vergeblich nach Wasser geschnappt hatten.

Irgendetwas Grundlegendes musste sich an ihrem Stundenplan geändert haben, denn auf einmal lief sie mir ständig über den Weg. Wenn sie mich sah, nickte sie lächelnd zu mir herüber. Das machte mir das Atmen schwer. Abends starrte ich in der Dunkelheit meines Zimmers auf das kleine ICQ-Icon, das anzeigte, ob sie online war, und jedes Mal, wenn es wirklich grün wurde, klappte ich mein Laptop ertappt zu.

Dann tauchte sie eine Woche später ohne Vorwarnung in meinem Mathegrundkurs auf und setzte sich auf den leeren Platz in der Reihe vor mir. Das war gemein, ich war schon ohne diese Ablenkung unglaublich schlecht in Mathematik. Jetzt konnte ich die Gleichungen an der Tafel gar nicht mehr sehen, weil ihre widerwillig gebändigten Haare sich bei jeder Bewegung ihres Kopfes in Locken und Strähnen aus dem Haarband stahlen und mir die Sicht versperrten.

„Hast du das verstanden?", flüsterte sie plötzlich und lehnte ihren Kopf weit zurück, während der junge Referendar eine neue Gleichung an die Tafel schrieb. Die freiheitsliebenden Locken und Strähnen ließen sich spielerisch ihren Rücken hinabfallen und streiften meine Hand und meinen Block, die beide viel zu weit vorne auf dem Tisch lagen. Es passierte wieder. Ich fühlte, wie ich lautlos in mir verschwand und eine Variable meinen Platz einnahm. Hier bin ich, dachte ich noch, und wusste doch, dass der Prozess, der mich erklären konnte, lang und aufwendig geworden war. X^2, grüßte ich und die anderen Unbekannten in meiner Gleichung grüßten distanziert zurück. So standen wir eine Weile und warteten darauf, gelöst zu werden. Sie schien meinen ungelösten Zustand nicht zu bemerken, sondern wartete einen günstigen Moment ab und legte dann den Kopf noch weiter in den Nacken. Meine Hand verschwand vollkommen im weichen Strähnenwald. Die sanfte Berührung schubste mich aus meiner Gleichung und ich raste mit ein paar geheimnisvollen Nullstellen durch enge Kurven, ohne sie zu diskutieren.

„Hilfst du mir mit dem Zeug?", flüsterte sie leise.

Weil Variablen nicht sprechen können, schrieb ich ihr einfach die Lösung, die Dorian mir gerade noch getextet hatte, mitten zwischen die wunderschönen Locken auf den Block und sie lachte. „In der nächsten Stunde setze ich mich direkt zu dir", sagte sie leise, ohne die Lippen sichtbar zu bewegen. Ich erkannte eine Drohung, wenn ich sie hörte.

Nach dem Kurs mischte ich mich in Menschengestalt geschickt unter meine Freundinnen und verließ die Klasse in solcher Eile, dass sie nicht dazukam, noch ein weiteres Wort zu sprechen. Was hätte ich auch sagen sollen? Ich war in ihrer Nähe entweder ein Fisch oder eine Unbekannte in einer komplizierten Gleichung und wir verstanden ganz offensichtlich beide nicht genug von Biologie und Mathematik, um diese Probleme zu lösen.

„Sie sitzt jetzt auch neben mir in Mathe", ließ ich Dorian am Abend beiläufig wissen, als er mir ein paar gelöste Aufgaben per ICQ schickte. „Bring sie mit zur Party am See. Sie ist wirklich genau mein Typ. Sie hat doch keinen Freund, oder?", schrieb er begeistert zurück. Ich ließ den kleinen Smiley, den ich ihm schickte, mit den Schultern zucken, schloss sein Nachrichtenfenster und behielt dafür das grüne Icon vor ihrem Namen fest im Blick. Sie war da. Ich versuchte, mir das Zimmer vorzustellen, in dem sie in diesem Moment ihr schönes Gesicht über eine Tastatur beugte. Wenn man am Haus ihrer Eltern vorbeifuhr, konnte man nur eine große Pflanze sehen, die in ihrem Zimmer auf der Fensterbank stand. Bestimmt waren da ein Schreibtisch und sicher auch ein Bett. Voller Kissen vielleicht, in die man sinken konnte, und mit weichen, dicken Decken, unter denen man in kalten Winternächten völlig verschwand. Hinter meiner Stirn begann ein wilder Schmerz zu pochen.

Ohne viel nachzudenken, kopierte ich schnell die gelösten Aufgaben, klickte ihr Icon an und kopierte die Zahlenreihen in das Textfeld. „Erste Hilfe!", setzte ich hinzu und ein gelbes, zwinkerndes Lächeln. Mein Kopf pochte genau zwölf Mal, bevor sie antwortete. „Ach du bist das. Wusste gar nicht, dass du auch in meiner Liste bist. Super, danke!!" Ihr Smiley klatschte begeistert. Ich schaute an mir hinunter. Nichts passierte, ich saß immer noch in meinem zu weiten Sweatshirt auf dem Bett, ohne Kiemen, ohne Variablen mit schmerzender, pochender Stirn. Digital konnte sie mir offensichtlich nichts anhaben. „Gerne!", schrieb ich zurück.

„Hältst du mir in Geografie einen Platz frei? Ich muss morgen früh erst noch meine kleine Schwester in die Schule bringen. Hab keine Lust, ganz vorne zu sitzen …"

„Klar!“, schrieb ich. Was hätte ich auch sonst schreiben sollen? Du kannst dich nicht zu mir setzen, weil ich mich dann in einen Vulkan verwandeln muss, dessen Ausbruch eine Schneise der Verwüstung durch die Klasse ziehen wird? In der Nacht träumte ich von glühender Lava und ihrem Mund.

Am nächsten Morgen hatte ich neununddreißig Grad Fieber und saß trotzig hustend vor meinen Cornflakes. Meine Mutter ließ sich auf keine Diskussion über den Wert einer gründlichen Ausbildung im Bereich der Naturwissenschaften ein. „Lass dir die Aufgaben schicken, das machst du doch sonst auch so“, beendete sie meinen Vortrag und schickte mich bewaffnet mit einer einzigen Grippetablette zurück in die feurige Dämmerung meiner Fieberträume. Dieses Mal träumte ich von Amazonen und Atollen. Und ich träumte wieder von ihr, von ihren Händen und ihren Augen. Als ich gegen Mittag schweißnass erwachte, blinkte ihr ICQ-Fenster gelb.

„Alles ok mit dir?“, fragte sie und mein Herz pumpte die Grippeviren und alle roten und weißen Blutkörperchen in so hohem Tempo durch meine Blutbahnen, das ihnen schwindelig wurde. Mir auch.

„Grippe“, tippte ich mühsam und der Schüttelfrost machte es schwierig, das richtige Smiley anzuklicken. Um ein Haar hätte ich statt des zerknirschten, gelben Gesichtes einen frechen kleinen Kuss geschickt. Sie schickte mir eine Blume zurück. „Gute Besserung. Ich kann dir Mathe rüberreichen, falls ich zufällig ein Wort verstehe …“

Wir grinsten uns ein paar Klicks digital an, dann verschwand sie und ließ mich ein wenig gesünder zurück.

Sie schickte mir Mathe und ich übergab den Zahlendschungel an Dorian, der wie immer einen Weg durch das Dickicht fand. „Du bist super, werde bloß schnell gesund“, schrieb sie, als ich ihr die Lösungen weiterleitete.

„Gehst du nächstes Wochenende zur Party am See?“, tippte ich, ohne mir dabei zuzusehen.

„Gehst du?“, blinkte ihre Antwort, die ja eigentlich keine Antwort war.

„Hatte drüber nachgedacht, falls ich bis dahin wieder gesund bin“, schrieb ich zurück.

„Sag Bescheid, wenn du gehst, dann komme ich mit“, erschien ihr Text, als wäre er ganz alltäglich und nicht ein in Buchstaben gekleidetes Wunder.

„Cool“, schrieb ich zurück, obwohl mir unerträglich heiß war.

Die folgenden drei Tage meiner fiebrigen Gefangenschaft verbrachte ich damit zu überlegen, in welches Wesen ich mich wohl verwandeln würde, wenn ich wirklich mit ihr an den Waldsee ging. Ich tippte auf Fisch, schloss aber auch Baum oder Schilfrohr nicht aus. Und ich versuchte, mir vorzustellen, was eigentlich passieren würde, wenn ich meine normale Gestalt in ihrer Nähe ausnahmsweise behalten würde. Was, wenn meine Hände in der Lage wären, zufällig ihren Arm zu streifen, und mein Mund etwas Lustiges in ihr Ohr flüstern könnte? Meine Temperatur sank und stieg im Rhythmus meiner wilden Gedankenwelt. Kurzfristig überlegte ich sogar, mit meiner Mutter über meine Metamorphosen zu sprechen, aber ich verwarf den Gedanken schnell wieder. Wann immer ich ihr in den letzten Jahren ein ernstes Gespräch angekündigt hatte, hatte sie sich mit einem schnellen Griff ans Herz auf das erstbeste Sitzmöbel fallen lassen und gesagt: „Du hattest Sex!“ Interessant war, dass sich mit der Zeit ihr Tonfall von schrillem Entsetzen (ich war zwölf und wollte eigentlich nur mehr Reitstunden) zu gefasster Erwartung (ich war 15 und meine Handyrechnung überstieg unerwartet das Bruttosozialprodukt eines kleineren afrikanischen Landes) zu schlecht versteckter Hoffnung gewandelt hatte. Dorians sporadische Besuche machten meine Mutter sichtbar glücklich und sie achtete streng darauf, dass wir an den Nachmittagen in meinem Zimmer nicht gestört wurden. Ich hatte mehrfach versucht, ihr zu erklären, dass wir nur gute Freunde waren, aber sie begann bei diesen Gesprächen immer, wild mit einem

Auge zu zwinkern und mir Fragen über Verhütung zu stellen. Hier war keine Hilfe zu erwarten.

„Habe dich in der Schule gar nicht gesehen. Ich gehe zur Party", schrieb ich meiner Amazone am Freitag, nachdem ich zwei lange Schultage ohne sie damit verbracht hatte, im Kreise meiner Freundinnen so zu sein wie immer.

„Dann hole ich dich um neun ab. Ich bekomme das Auto meiner Mutter. Gib mal deine Adresse", schrieb sie.

Ich tippte meine Anschrift sorgfältig ein und sie antwortete mit einem Zwinkern.

Mein Vater öffnete ihr die Türe, da ich mich fünfzehn Minuten vor ihrer Ankunft im Badezimmer eingeschlossen hatte. Meine Eltern hielten das fälschlicherweise für den angemessenen Aufwand, den eine fast Achtzehnjährige vor einer Party trieb, und waren über so viel normales Teenagerverhalten ganz aufgeregt. Ihre beiden Stimmen und diese eine, magische Stimme drangen gedämpft zu mir in die Duschtasse, wo ich mit geschlossenen Augen hinter dem Plastikvorhang kauerte. Wie sollte ich es nur in menschlicher Gestalt bis zur Party schaffen? Meine Mutter klopfte an die Badezimmertüre, die bunten Fische auf dem Duschvorhang schlugen aufmunternd mit den Flossen und aus akutem Mangel an Alternativen schloss ich die Tür auf und ging hinaus. Sie strahlte mir von der Tür aus entgegen und ich versuchte, in dem hellen Licht nicht die Treppe hinunterzustürzen. „Fertig?", lächelte sie.

„Fertig!", würgte ich hervor und hatte damit endlich in ihrer Gegenwart gesprochen.

Sie setzte rückwärts aus der Einfahrt und ich wagte es im Wagen nicht, meinen Kopf in ihre Richtung zu drehen, aus Angst, ich könnte mich dann in eine Handbremse verwandeln. Also zählte ich auf dem Weg zum See mit starrem Blick die toten Insekten, die außen auf der Windschutzscheibe klebten. Es waren siebzehneinhalb. „Du siehst übrigens umwerfend aus", sagte sie und erzählte dann, ohne meine Reaktion abzuwarten, sichtlich belustigt von ihrer kleinen Schwester, die am Morgen mit dem Fahrrad in einem Brennnesselbusch gelandet war.

„Wenn sie so fährt wie du, dann ist das doch kein Wunder", sagte ich ohne viel zu überlegen, denn mein Verstand hatte nach ihrem Kompliment die Arbeit niedergelegt.

„Woher weißt du, wie ich Fahrrad fahre?"

Sie blinkte und warf mir beim Abbiegen auf den Parkplatz einen schelmischen Blick zu. Der Motor erstarb auf Knopfdruck mit einem theatralischen Seufzer und für eine nicht messbare Zeiteinheit verbanden sich unsere Blicke. Mein wild schlagendes Herz stob dem Wagenhimmel entgegen und in mir breitete sich Wärme wie Pudding aus. „Ich bin der hechelnde Punkt weit hinter dir auf dem Weg zur Schule", bildete ich meinen zweiten Satz in ihrer Gegenwart und widerstand dem Drang, die Form zu wechseln.

„Und ich habe mich immer wieder gefragt, wo ich dich mal kennenlernen könnte. Hätte wahrscheinlich geholfen, wenn ich mich ab und zu mal umgedreht hätte, oder? Auf dem Weg zur Schule wäre ich vielleicht auch nicht so aufgeregt gewesen, wie ich es jetzt bin."

„Du bist aufgeregt?" Ich konnte nicht fassen, was ich soeben gehört hatte. Wir sahen beide durch die Windschutzscheibe in die Dämmerung hinaus, die unter den Bäumen schon viel dunkler schien, und ihre Hand legte sich vorsichtig über meine.

„Ich würde dich gerne ansehen", sagte sie und tat es im gleichen Augenblick. Mit einem Mut, von dem ich nicht gewusst hatte, dass ich ihn besaß, sprang ich mitten in die blauen Atolle und hielt mich dort an einem dunklen Korallenring fest. Ihre Hand strich über meine Wange und ich küsste ihre Finger, als sie meine Lippen streiften. Ich sah die dunkle Nacht, ich sah ihr Gesicht und dann sah ich nur noch ihren Mund.

Dieses Mal verwandelte ich mich nicht, dieses Mal verwandelte sich die ganze Welt.

Tonfolgen

Kann zwischen den bunten Melonenbällchen der „Süßen Meloncholie" romantische Akzente setzen oder vor dem festlichen „When knife is falling" als Amuse gueule dienen. Bringt die romantische Einsamkeit der Linguini „Liv und Ann" deutlicher hervor.

Kora konnte sich nicht mehr daran erinnern, wann genau sie diese spezielle Melodie zum ersten Mal gehört hatte. Wann immer sie darüber nachdachte, schien es ihr, als habe es nie eine Zeit in ihrem Leben ohne diese Musik gegeben, als sei das leise Lied unbemerkt von ihrer pressenden Mutter, dem blassen Vater, den geschäftigen Ärzten und Hebammen bei ihrer Geburt einfach mit ihr zusammen auf die Welt gekommen, wie eine kosmische Nabelschnur aus Noten, die niemand durchtrennt hatte, weil sie niemand hatte sehen können.

Es gab auffallend viele Fotos aus ihren ersten Lebensjahren, auf denen sie den Kopf leicht geneigt hatte und mit den Augen abwesend an der Kamera vorbeischaute, so als lauschte sie einem fernen Klang. Sie hasste diese Bilder, wenn sie im Verwandtenkreis herumgereicht wurden, und liebte sie, wenn sie sie allein und in Ruhe betrachten konnte. Besonders glücklich sah sie in diesen schockgefrorenen Lebensmomenten nicht aus, vor allem deshalb nicht, weil andere Kinder neben ihr immer mit weit aufgerissenen Lückengebissen und begeisterten Augen direkt in die Linse lachten. Unglücklich war sie allerdings gar nicht gewesen, eher sehnsüchtig und suchend. Sie hatte ihrer Melodie einfach oft vollkommen versunken zugehört und sich dabei ein wenig allein, aber auch voller Vorfreude gefühlt. Ein Gefühl, das der Stimmung der warmen Ferienabende ähnelte, an denen man wohlig erschöpft auf den Schlaf wartete und einem weiteren Sommertag entgegenträumte.

Was Kora als Kind allerdings wirklich Kummer gemacht hatte, war die Tatsache gewesen, dass sie es nicht fertiggebracht hatte, das Lied laut zu summen. Immer, wenn sie es versucht hatte, waren nur ein paar erschreckend schräge Töne herausgekommen, die eher einer gequälten Katze als der Melodie in ihrem Kopf ähnelten. Auf Grund ihrer sturen Beharrlichkeit waren diese Versuche leider auch nicht unbemerkt geblieben. Koras Eltern hatten ihre unschön summende Tochter eine Zeitlang argwöhnisch aus den Augenwinkeln beobachtet und ihre Ohren abends regelmäßig an die Kinderzimmertür gepresst, aus der es quälend falsch tönte. Die Summe oder die Absonderlichkeit der erlauschten Klänge hatte in ihnen wohl einen versteckten Alarmknopf gedrückt, denn Kora wurde erst zum Ohrenarzt und dann zu einer Reihe unterschiedlichster Spezialisten geschleppt, die ihr alle ein hervorragendes Gehör, eine rege Fantasie und normale Intelligenz bescheinigt hatten. Zwischen all den weißen Kitteln mit glänzenden Instrumenten, die ihr in Mund, Ohren und Nase gespäht, ihr auf die Brust und den Rücken geschlagen und sie mit Wachsmalstiften hatten zeichnen lassen, hatte sie allmählich begriffen, dass es besser war, nicht von jener inneren Melodie zu sprechen. Und nicht mit versunkenem Blick laut falsch zu summen. Schlechte Ohren waren die eine Sache, aber eine unbekannte Melodie im Kopf war eine andere.

Kora wurde sich mit der Zeit zudem auch sicher, dass ihre Melodie die Welt um sie herum nichts anging, da sie nicht von außen in ihren Kopf geschlichen war. Diese Musik kam von innen, spazierte auf eigenen Wegen durch ihren Körper und verirrte sich nur manchmal zufällig in ihren Kopf, so dass sie sie kurz hören konnte. Sie hatte ein paar medizinische Fachbegriffe nachgeschlagen und dann beschlossen, dass sie ein unbeschriebener Sonderfall war. Manche Menschen waren mit einem Geräusch am Herzen geboren, sie mit einer Melodie im Bauch.

Mit den Jahren wurde in ihrem Leben neben den unbeschwerten Sommertagen auch die Melodie immer seltener und sie fragte sich, ob man eine innere Melodie in einem gewissen Alter verlieren konnte, wie man Milchzähne verlor. Sie stellte sich als junges Mädchen manchmal probeweise neben alte Bäume und frische Schnittblumen, neben stille Seen und knisterndes Holzfeuer, aber die Melodie ließ sich nicht von außen locken. Sie kam oder sie kam nicht. Einmal erklangen ein paar Töne in Kora, völlig überraschend und ganz leise, als eine Schulfreundin ihrer Mutter, die sie zufällig in der Stadt trafen, ihr zur Begrüßung flüchtig über die Wange strich. Kora hatte ihr so lange hinterhergestarrt, bis die Mutter sie rügte und mit sich fortzog. Von da an stellte sie sich auch ab und zu unauffällig neben Menschen, neben Fremde und Bekannte, Männer und Frauen, aber das Lied kehrte nicht zurück.

Als sie schon längst eine eigene Wohnung bezogen hatte, befragte sie ihre Mutter aus einer Laune heraus, welche Klanginstrumente ihr als Baby das Einschlafen erleichtert hatten. Die Liste war lang und erschreckend gewesen. Aber auch auf den Kassetten voller gnadenloser Kinderchöre und den monotonen Spielorgeln war nichts zu finden, das auch nur eine leichte Ähnlichkeit mit ihrer Melodie hatte.

Als das Lied über Jahre gar nicht mehr erklungen war, war Kora kurz vor dreißig und gerade am natürlichen Ende einer etwas längeren Beziehung zu einem freundlichen Mann angelangt, der nicht versucht hatte, ihr übermäßig nahezukommen, was ihren Bedürfnissen in hohem Maße entsprach. Obwohl ihr seltsamerweise in den intimen Momenten ihrer Beziehungen die Melodie am meisten fehlte, als gäbe es immer noch etwas in ihr, das erwartete, das Lied gerade dort zu hören. Sie fand in keiner Beziehung heraus, warum, denn eigentlich blieb ihr auch die Liebe fremd und sie fühlte sich in Liebesdingen von Anfang an eher wie ein Gast auf einer unfreiwilligen Kreuzfahrt. Alle anderen um sie herum schienen ohne Schiff im warmen Wasser der Beziehungen zu schwimmen und sich zu finden. Sie kreuzte von schwerem Stahl umgeben, ziellos, oder fuhr im Kreis. Hin und wieder legte sie kurz an unbekannten Inseln an, schaute sich neugierig um und verbrachte die Nacht aber lieber wieder sicher und ruhig in ihrer eigenen Kabine. Wenn sie erwachte, hatte ihr Schiff meist schon an einem neuen Strand festgemacht. Die Männer, denen Kora auf ihrer Kreuzfahrt begegnete, schienen alle nicht ihre Sprache zu sprechen oder sie betonten wichtige Worte falsch und gaben ihnen dadurch eine andere Bedeutung. Manche waren unterhaltend, alle blieben ihr fremd.

Und jetzt lag sie an ihrem ersten Urlaubstag auf der großzügigen Terrasse ihres neuen Apartments, genoss die ersten Sonnenstrahlen und fragte sich, warum das Ende ihrer Beziehung sie wieder einmal nicht in die tiefe Verzweiflung gestürzt hatte, von der ihre Freundinnen allzu ausführlich zu berichten wussten. Sie bedauerte ein wenig, dass niemand da war, der ihr den Rücken eincremen konnte, als sie sich umdrehte und beschloss, das für angemessene Trauer zu halten. Die Sonne wärmte ihr die Schultern, die sich immer etwas verspannt anfühlten, und sie reckte sich ihr gerade wohlig entgegen, als der erste Ton in ihr erklang. Sie hielt sofort inne und richtete sich auf. Es wurde wieder still. Sie ließ sich zurück auf die Liege sinken und fragte sich, ob sie sich vielleicht geirrt hatte, als der zweite Ton erklang, leise zwar, aber unüberhörbar. Kora ließ ihn mit wild klopfendem Herzen verklingen und da kam schon der nächste Ton dazu und die gesamte Melodie erklang. Das Glück, das sie fühlte, war mindestens genauso überraschend wie die Melodie selbst. Da war sie einfach wieder, hallte durch ihren Kopf und machte sie leicht und verklang dann ganz sanft. Was hatte sie nach Jahren der Stille ausgelöst? Die Sonnencreme? Kora schraubte den Verschluss vorsichtig auf und wieder zu. Es blieb still. Sie drehte sich vom Bauch auf den Rücken und zurück. Nichts passierte. Sie richtete sich auf und verstellte den

Sonnenschirm ein wenig. Stille. Vielleicht musste die Sonne in einem bestimmten Winkel auf sie scheinen. Nein, das war es nicht. Sie zog sich ein T-Shirt über und richtete sich auf, so dass sie über den Rand der Terrassenmauer spähen konnte. Sie wohnte im obersten Stock und hatte einen wunderbaren Blick auf den großen, üppig begrünten Innenhof und die angrenzenden und tieferliegenden Terrassen, ohne dass ihr jemand auf die eigene Liege schauen konnte. Was hatte sich in ihrer Nähe in den letzten Minuten verändert? Und wo? Der Innenhof lag ruhig und unbelebt in der Sonne, so wie es sich für einen Innenhof an einem Werktag gehörte. Neben dem kleinen Teich lag ein einzelner Erpel im Schatten und schlief. Da er aus Stein war, konnte er sich eigentlich nicht viel bewegt haben. Überhaupt bewegte sich wenig. Am Himmel zog in großer Höhe ein Flugzeug einen weißen Streifen durch das makellose Blau und auf der Terrasse schräg unter ihr drehte sich ein buntes Windspiel lautlos im Kreis. Sie legte den Kopf schräg, so wie sie es als Kind getan hatte, und schloss die Augen. Nichts. Irgendwo schlug eine Tür zu und sie öffnete die Augen schnell und lehnte sich über die Brüstung, um zu sehen, wo das Geräusch herkam. Zwei Häuser weiter und ein Stockwerk tiefer zu ihrer Linken konnte sie die gläserne Tür sehen, die sich jetzt, von einem unsichtbaren Windzug bewegt, leicht öffnete und sofort wieder zuschlug. Und dann kam aus der Ecke der Terrasse, die sie nicht einsehen konnte, eine Frau, stellte mit einer Fußmatte die Tür fest und die Melodie erklang. Kora zuckte wie ertappt zurück. Das Lied verklang. Sie beugte sich vorsichtig vor, aber die Frau war wieder verschwunden. Sie lehnte sich noch ein wenig weiter vor und es gelang ihr, einen Arm zu erspähen, der wechselnde Wäschestücke über einen Wäscheständer hängte. Kling, machte es in ihrem Kopf und sie musste sich zwingen, sich nicht noch weiter nach draußen zu lehnen. Arm mit Geschirrhandtuch, Kling, Arm mit Kopfkissenbezug, Kling, die Melodie erklang eindeutig im Rhythmus der feuchten Wäschestücke. Dann war der Arm fertig und der Rest der Nachbarin erschien am Rande der

Terrasse. Kora hielt den Atem an, während das Lied in ihrem Kopf die Bewegungen der Fremden untermalte, die sich bückte und eine welke Blüte aus einem bunt bepflanzten Blumentopf entfernte. Dann schaute sie zum Himmel hoch und Kora konnte ihr Gesicht sehen. Ihre Gesichtszüge waren klar, fast streng und der fest zusammengebundene Zopf, der ihre dunklen Haare hielt, unterstrich diesen Eindruck noch. Aber die Art, wie sie den Himmel betrachtete, hatte etwas Sanftes und Sehnsüchtiges. Zum ersten Mal in ihrem Leben hatte Kora das Gefühl, dass die Melodie in ihrem Inneren von mehr als einem Instrument gespielt wurde. Es war, als hätte das Lied mutwillig Teile ihres Körpers dazu gebracht mitzuschwingen und dabei eigene Klänge zu erzeugen. Die Fremde sah genau in diesem Moment zu ihr hinauf und schaute sie fragend an. Kora wurde bewusst, dass sie gefährlich weit über der Brüstung lehnte und die fremde Frau unverhohlen anstarrte. Sie wurde glühend rot und hob ruckartig die Hand zu einem Gruß, als könnte das ihrem Verhalten Normalität verleihen. Die fremde Frau schaute sie befremdet an und verließ kopfschüttelnd ihre Terrasse. Die Melodie verstummte.

Kora verbrachte den Rest des Tages und die folgende Nacht in einem unruhigen Trancezustand zwischen anfallartiger Ekstase und vollkommener Apathie. Sie blieb auf der Sonnenliege, bis ihre Haut unangenehm zu brennen begann. Als es dämmerte, ging sie in ihr Wohnzimmer, setzte sich auf die Couch und trank Kaffee, bis ihr Herzschlag ihr gegen Morgen mit kleinen Aussetzern signalisierte, dass ein Totalausfall kurz bevorstand.

Was sollte sie tun, jetzt, wo sie wusste, dass es einen Menschen gab, der das Lied auslöste, dass es eine Frau gab, die das Lied auslöste. Ihr Herz versuchte wieder, sich aus dem Brustkorb zu befreien, und ihr wurde klar, dass sie keinen vernünftigen Plan schmieden konnte, wenn sie noch länger Kaffee trank. Sie schüttete den Rest des Kaffees in den Ausguss und sah der Sonne beim Aufgehen zu, was diese routiniert hinter sich brachte. Warum konnte es kein Mann sein, fragte sie sich, denn dann wäre das weitere Vorgehen einfacher gewesen. Während die Sonne sich immer weiter über eine riesige Satellitenschüssel auf dem gegen-überliegenden Dach hinausschob, wurde ihr klar, dass es nichts Einfaches an dieser Situation gab. Wie sollte sie irgendeinem fremden Menschen erklären, was ihr das Lied bedeutete und dass er oder in diesem Fall sie der einzige Mensch auf der Welt war, der es auslöste. Aber du könntest wenigstens versuchen herauszubekommen, wer sie ist, dachte sie, bevor sie mit den Strahlen der Sonne auf dem Gesicht einschlief.

Am späten Nachmittag schlich sie so unauffällig wie möglich zur Haustür des Nachbarhauses, sah sich kurz um und notierte dann hektisch alle Namen auf dem Klingelbrett. Da das Haus in etwa baugleich mit ihrem war, konnte die Gesuchte eigentlich nur B. Weber oder Grünberg-Bertelsmann ohne Vornamen sein. Sie schloss mit dem Zettel in der Hand ihre eigene Haustür auf und stieß in Gedanken versunken fast mit Frau Hollwanger aus dem Erdgeschoss zusammen, die ihr mit einer riesigen Menge Plastik-Leergut in einem Korb entgegen kam. Plötzlich kam ihr eine Idee. Sie riss der überraschten älteren Dame den Korb aus der Hand und sagte: „Das ist doch viel zu schwer für Sie. Darf ich Ihnen behilflich sein?“

Frau Hollwanger starrte sie und das entrissene Leergut verwirrt an, entschied sich dann aber wohl, die Vorteile dieser Begegnung zu sehen, und öffnete Kora die Tür, die gerade erst hinter ihr zugefallen war. „Ich muss nur zu meinem Wagen“, sagte sie und deutete auf den gegenüberliegenden Parkplatz.

„Kein Problem!“ Kora hob den Korb, der in der Tat so gut wie nichts wog, höher und gemeinsam gingen sie den kurzen Weg. „Ich habe übrigens Post in meinem Briefkasten gehabt, für …“ Sie zögerte einen Augenblick und folgte dann ihrer Intuition. „… B. Weber. Wissen Sie zufällig, wer das ist?“

Frau Hollwanger schloss den Kofferraum ihres Kleinwagens auf und schaute hoch. „Ist bestimmt für Bettina Weber. Sonst wohnen hier keine Webers. Sie wohnt in 32 b im zweiten Stock. Die junge Frau mit dem Zopf. Können Sie dort einwerfen." Sie wies auf die Haustür, vor der Kora ihre Recherche begonnen hatte. Und damit war es amtlich, Bettina Weber aus der zweiten Etage in 32 b war die Frau, die ihren Körper zum Klingen brachte.

Als sie am späten Nachmittag wieder auf ihrer Terrasse lag, bedauerte Kora es, nicht wirklich einen fehlgeleiteten Brief für die unbekannte Frau Weber zu haben. Es schien ihr aber doch zu risikoreich, erst den Briefkasten der Fremden aufzubrechen, um ihr dann die eigene Post zu bringen. Warum wollte sie sie überhaupt näher kennenlernen, fragte sie sich. Was sollte sie denn sprechen mit einer Frau, die ihr Innenleben in Musik verwandelte?

Am Abend saß sie mit Freunden im Kino und schaute zu, wie schlecht gelaunte Aliens die Welt so lange bedrohten, bis ein beherzter Amerikaner sie niederstreckte. Den Freunden schien der hohe Sachschaden im Film gefallen zu haben, den Freundinnen der Amerikaner, stellte sich beim anschließenden Bier in der Stammkneipe heraus. Kora konnte sich an beides nicht richtig erinnern. Während die Aliens ihren Hitzestrahl auf wehrlose Kleinstädte gerichtet hatten, hatte sie das Gesicht von Bettina Weber gesehen, die sich der Sonne entgegenreckte. Und bei der entscheidenden Schlacht der Menschheit war ihr klar geworden, dass sie keine Wahl hatte, sie musste wenigstens ein einziges Mal mit ihr reden. Nur einmal hören, wie die Musik in ihrer Nähe klang.

Am nächsten Morgen lehnte sie sich vorsichtig über die Brüstung ihrer Terrasse und spähte auf den fremden Balkon im Nebenhaus. Der lag ruhig in der Sonne und gab freiwillig nicht viel über seine Besitzerin preis. Ein paar nett bepflanzte Tontöpfe säumten den Rand der sauberen Terrakottafliesen, vom Wäscheständer war heute nichts zu sehen. Die Tür ins Innere spiegelte zu sehr, als dass Kora aus ihrer Position einen Blick in die Wohnung hätte werfen können. Sie überlegte, ob sie es schaffen würde, irgendeinen Gegenstand genau auf die Webersche Terrasse zu werfen, um ihn dann am Abend von der Besitzerin zurückzufordern. Sie holte sich einen Tennisball, der immer noch in ihrer Abstellkammer lag, obwohl sie schon länger nicht mehr spielte, und zielte spielerisch auf die gläserne Tür. Ihr Arm bog sich zurück und schleuderte dann probeweise seitlich nach vorne, ohne den Ball loszulassen. Jedenfalls war das der Plan gewesen, aber der Ball verließ genau auf dem Mittelpunkt ihres Armschwunges die sorglose Hand und beschrieb eine perfekte Kurve, bevor er mit einem satten Geräusch auf dem Rahmen der Balkontüre auftraf. Von dort prallte er genau in einen der Blumentöpfe, wo er inmitten roter Geranien liegen blieb. Kora trat erschrocken einen Schritt zurück und schaute mit klopfendem Herzen, ob irgendjemand in den umliegenden Häusern ihren Wurf gesehen hatte. Alle Terrassen und der Hof waren menschenleer, der Steinerpel am Teich schlief wie immer tief und fest. Während sie ihren Tennisball im Blumentopf der Nachbarin betrachtete, wurde ihr klar, dass es wenig Geschichten gab, die sinnvoll erklärten, wie die kleine gelbe Filzkugel zufällig in die Geranien gekommen war. Ihr Gehirn arbeitete auf Hochtouren. Wenn sie ein Kind hätte, sähe die Sache anders aus. Kinder schmissen schon mal Bälle und andere Dinge in fremde Gärten oder auf benachbarte Balkons. Dann musste sie eben ein Kind erfinden. Die übermütige Tochter einer Freundin erblickte in ihrem Kopf das Licht der Welt und warf den Ball übermütig mit ihren kleinen Händen genau in den Blumentopf. Sie gab ihr noch schnell einen Namen und steckte sie in die dritte Klasse, bevor sie den Rest des Tages den kleinen Leuchtdioden in der Digitaluhr unruhig dabei zusah, wie sie kunstvoll immer neue Zahlen aus kleinen Strichen legten. Als die Dioden gerade kunstvoll eine saubere 18.15 anboten, nahm sie ihren ganzen Mut und ihre brennende Neugier zusammen und ging den kurzen Weg zum Nachbarhaus. Am Klingelbrett verbot sie sich jedes Zögern und drückte blitzschnell und sehr fest auf den Knopf neben dem Namen, der fast schon vertraut in ihr klang. Eine tiefe und leicht unwillige Stimme zwängte sich aus dem kleinen Lautsprecher neben der Tür.

„Ja?"

Kora fühlte das Lied in sich erklingen und musste sich zwingen, darüber hinweg zu sprechen. „Frau Weber?"

„Ja!" Die schöne Stimme hatte jetzt den abweisenden Tonfall, den man für lästige Verkäufer von Versicherungen und Religionen bereithielt.

„Ich bin Kora Freitag aus dem Nebenhaus. Die Tochter einer Freundin hat heute Nachmittag einen Ball von meiner Terrasse geworfen und ich fürchte, er ist in Ihren Blumen gelandet."

„Moment." Das Wort klang jetzt schon weniger unfreundlich und passte damit viel besser zu den feinen Klängen in Koras Kopf. Die Stimme verschwand, nur der Lautsprecher knarrte leise weiter, wahrscheinlich hatte Bettina Weber den Hörer nicht richtig aufgelegt.

„Es liegt in der Tat ein grüner Tennisball in meinen Geranien. Kommen Sie rauf." Der Türsummer ertönte und Kora stürzte mit der Tür zusammen in den Flur. Sie zwang sich, ganz normal die Treppe hinaufzugehen, ohne genau zu wissen, wie man zu einem solchen Anlass korrekt eine Treppe erklomm.

Bettina Weber lehnte so lässig in der Tür, wie Kora sich wünschte zu wirken, in ihrer rechten Hand hielt sie den alten Tennisball.

„Hallo", brachte Kora hervor und errötete. Sie standen jetzt genau voreinander und Kora fühlte sich im ganzen Körper singen. So ist das also, dachte sie und zwang sich, nicht versunken die Augen zu schließen. Sie ist genau so groß wie ich, stellte sie fest, während sie der fremden Frau fragend in die Augen schaute. Die waren blaugrün, oder grünblau, auf jeden Fall auffallend hell und schön.

„Ich kann verstehen, dass Sie den zurückhaben wollten." Bettina Weber schaute spöttisch auf die alte Filzkugel in ihrer Hand.

„Eigentlich wollte ich mich in erster Linie bei Ihnen entschuldigen und sichergehen, dass nichts kaputtgegangen ist."

Bettina Weber grinste. „Alles heil. Und Sie haben den Ball doch auch gar nicht geworfen."

„Ich habe es aber auch nicht verhindert …" Kora wollte ihre Geschichte gerade mit kleinen Details über die ungezogene Neunjährige ausschmücken, als ein scharfes Zischen und Rauschen aus der Wohnung ertönte.

„Mein Nudelwasser!" Bettina Weber und der Tennisball verschwanden hastig im Inneren. „Kommen Sie ruhig rein", erklang es laut aus der Küche und ihr Gesicht erschien kurz im Türrahmen. Kora trat so vorsichtig über die Türschwelle, als beträte sie die Kirche einer fremden Religionsgemeinschaft, deren Bräuche sie nicht kannte. Schritt für Schritt näherte sie sich der Küche. Es machte die ganze Situation noch unwirklicher, dass diese Wohnung mit ihrer vom Schnitt vollkommen identisch war. Dadurch wirkte es, als ob sie gerade auf dem Weg durch eine alternative Version ihres Lebens war. Ihre Wohnung in einer anderen Dimension, mit anderen Farben, anderen Möbeln, mehr Geschmack und trotzdem ganz vertraut. Sie atmete tief ein und bemerkte, dass die Wohnung einen angenehmen Geruch verströmte. Zu dem sich allerdings leichter Brandgeruch gesellte, je näher sie der Küche am Ende des Flures kam. Sie spähte in den Raum, in dem Bettina Weber verschwunden war. Das Nudelwasser hatte sich großzügig über das Ceranfeld verteilt und brutzelte dort unschön vor sich hin. Kora schaute zu, wie Bettina Weber wieder Ordnung in das Chaos brachte, und da die Melodie jede ihrer Handbewegungen untermalte, war sie vollkommen zufrieden und lächelte. „Ihnen gefällt mein Putzstil?" Bettina Weber schaute auf.

„Nein, ich meine ja, ich meine, deshalb habe ich nicht gelächelt. Mir passiert das auch immer, ich meine, dass ich das Wasser auf dem Herd vergesse." Klang das wahrscheinlich? Kora hoffte es sehr. Dann sah sie auf den Küchentisch und das grundlose Glück machte einer genauso grundlosen Traurigkeit Platz. Der kleine Tisch neben dem Fenster war sorgfältig für zwei Personen gedeckt. Natürlich, die schöne Frau Weber verkochte das Nudelwasser abends nicht für sich allein. Kora schluckte. „Da habe ich Sie ja beim Essen gestört, dann will ich mal wieder los", sagte sie dann tonlos und wusste nicht, warum ihr dabei der Brustkorb schmerzte. Bettina Weber reichte ihr den Tennisball, den sie auf der Arbeitsplatte neben dem Herd abgelegt hatte, und nickte zustimmend.

„Ich hoffe, die Nudeln schmecken trotzdem. Und danke!" Kora nahm den Ball und wandte sich zur Tür.

„Gern geschehen." Bettina Weber begleitete sie zur Tür und schaute sie dort noch einmal kurz und prüfend an. Ein Paar Haare hatten sich aus dem dunklen Zopf gestohlen und umrahmten ihr Gesicht äußerst vorteilhaft. Einen Moment sah es aus, als wollte sie noch etwas sagen, dann öffnete sie nur die Tür und lächelte.

„Tschüss!", sagten beide synchron und Kora fühlte sich so laut singen wie nie zuvor in ihrem Leben.

Das war sie also gewesen, ihre Begegnung mit der Frau, die Macht über ihre Melodie hatte. Kora verbrachte die folgenden Tage und Nächte damit, die kurzen Momente mit Bettina Weber von allen nur möglichen und einigen unmöglichen Seiten zu betrachten, aber es gelang ihr nicht, herauszufinden, was diese Frau von den tausenden Menschen um sie herum unterschied, die nichts in ihr zum Klingen brachten. Zugegeben, Bettina Weber sah wirklich gut aus, aber das taten andere auch. Sie bewegte sich graziös und hatte schöne Augen, wie wahrscheinlich Tausende von Frauen auf der Welt. Kora war in ihrem Leben schon öfter schönen Menschen begegnet und immer war alles still geblieben. Es musste etwas in der attraktiven Frau Weber sein, etwas Unsichtbares. Es machte Kora zunehmend wütend, wenn sie auf den leeren Balkon im Haus nebenan sah, und so verbot sie sich, in diese Richtung zu schauen. Um das Verbot nicht allzu oft zu brechen, verbrachte sie den Rest ihrer

Ferienwoche in fast hektischer Betriebsamkeit, die in einer wilden Knutscherei mit einem flüchtigen Bekannten endete, den sie auf einer Party traf. Während sie so tat, als ob sie sich für seine ungestüme Zungengymnastik interessierte, hätte sie weinen mögen, weil ihr die Melodie gerade in diesem Augenblick so fehlte und weil sie nicht genau hatte sehen können, welche Farbe die Augen von Bettina Weber hatten.

Als sie an ihren Arbeitsplatz zurückkehrte, war sie übernächtigt und urlaubsreif. Ihre Kollegin bemerkte das genauso wenig wie die dunklen Ringe unter Koras Augen.

„Unsere Fortbildung ist durch! Samstag geht es los.“ Sie schwenkte einen Briefumschlag vor Koras Augenringen. „Verstehst du, was das heißt? Wer zur Fortbildung geht, ist noch im Rennen um die Stelle in der Zentrale.“

Kora wusste, dass das eine Nachricht war, die sie normalerweise gefreut hätte. In die Marketingabteilung der Hauptstelle zu wechseln, war etwas, von dem sie beruflich in den letzten Jahren geträumt hatte. Und diese Managementseminare wurden nur denen gewährt, die man für potentielle Kandidaten hielt.

„Super!“ Sie riss den Umschlag auf und überflog den Inhalt. Janine, ihre Kollegin plapperte begeistert weiter. „Wir können doch zusammen dahinfahren. Jeden Mittwochabend und jeden Samstagmorgen, ich habe uns schon die Unterlagen bestellt. Hier, guck besser rein!“ Sie warf einen Stapel Schnellhefter auf Koras Schreibtisch.

„Es sind zwei Kurse, der Typ, der den ersten gibt, soll etwas langweilig sein, sagt Jan aus der Grafik, lass uns den bei der Frau machen. Ich trage dich mit ein.“

Kora fiel es schwer, die vielen Informationen, die auf sie einprasselten, sinnvoll zu verarbeiten, und nickte einfach.

„Super! Ich fahre diesen Samstag, du nächsten und dann immer abwechselnd.“ Kora blieb nichts anderes übrig, als wieder zu nicken und zu hoffen, dass sie gerade eine gute Entscheidung getroffen hatte. In jedem Fall würde jetzt eine Menge zusätzliche Arbeit dafür sorgen, dass sie an den Samstagen nicht mehr den leeren Balkon von Bettina Weber bewachen konnte.

Janine hatte nichts von ihrem Enthusiasmus verloren, als Kora am nächsten Samstag zu ihr in den Wagen stieg. Sie strahlte die übersprudelnde Begeisterung einer Erstklässlerin auf dem Weg zum Alphabet aus und alles, was ihr fehlte, war ein bunter Tornister auf dem Rücken. Im Gegensatz zu Kora hatte sie schon in den Unterlagen gearbeitet und brannte darauf, gleich im Kurs mit ihrem Wissen zu glänzen. Kora lag übertriebenes Konkurrenzverhalten fern, aber sie musste zugeben, dass sie der Wissensvorsprung und der Eifer der Kollegin etwas beunruhigte. Ihr einziges Studienobjekt war auch in der vergangenen Woche die geheimnisvolle Nachbarin gewesen und sie musste davon ausgehen, dass dieses Thema in der Fortbildung keine große Rolle spielen würde. Sie parkten in der Nähe der Fachhochschule und als sie auf das Gebäude zugingen, hörte Kora unvermittelt das Lied in sich erklingen. Sie blieb verdutzt stehen und lauschte. Die Melodie verklang nach wenigen Tönen. Um sie herum standen nur parkende Autos und neben ihr stand nur Janine. Sie musste sich geirrt haben.

Da sie sehr früh waren, sicherten sie sich Plätze in den vorderen Reihen und sahen zu, wie sich der Raum mit fremden Menschen füllte. Kling, machte es wieder in Kora, laut und unüberhörbar. Sie sah sich unsicher um. Gab es also doch noch mehr Menschen, die diese Melodie in ihr auslösten? War es etwa dieser Anzugtyp mit der zu bunten Krawatte, der als Letzter den Raum betreten hatte? Oder die hübsche Blonde neben ihm? Obwohl sie Bettina Weber gar nicht näher kennengelernt hatte, war Kora traurig, dass sie ihre Ausnahmeposition so schnell verloren hatte.

„Guten Morgen zusammen!“, sagte in diesem Moment Bettina Weber und schrieb ihren Namen fehlerfrei an die Tafel. Kora fühlte sich wie ein

Orchester von Manischen, dass von einem Wahnsinnigen dirigiert wurde.

Ihre Augen trafen sich und Kora zuckte lächelnd mit den Schultern, als wollte sie sich für ihre Anwesenheit entschuldigen. Bettina Weber näherte sich ihrem Platz und sagte: „Lassen Sie mich raten. Sie haben ihren Tennisball dieses Mal in meinen Kurs geworfen, weil meine Blumen keine Herausforderung mehr darstellen?“

„Ich habe schon den ersten Ball nicht geworfen“, log Kora, „und bin auch heute frei von jeder Schuld. Reiner Bildungsdrang.“ Sie grinsten sich an.

Janine verfolgte den Wortwechsel mit misstrauisch zusammengekniffenen Augen. Als sich Bettina Weber wieder ihrem Pult und dem Rest des Seminars zuwandte, flüsterte sie Kora zu: „Ihr kennt euch? Hast du gar nicht erwähnt …“

Kora rang noch mit den wilden Klängen des ungestümen Orchesters, bei dem vor allem die Streicher völlig außer Kontrolle geraten waren, und antwortete schnell: „Ich hatte keine Ahnung. Sie ist eine Nachbarin.“

Zum Glück war Janine so mit sich und ihrem Fachwissen beschäftigt, dass Kora den Rest der Zeit ihre Ruhe hatte. Wenn man den musikalischen Tumult in ihrem Inneren als Ruhe bezeichnen konnte. Sie konzentrierte sich mühevoll auf den Inhalt der Worte, die von harmonischen Klängen unterlegt in ihrem Kopf herumirrten.

Nach den ersten beiden Stunden fand sie zunehmend Gefallen daran, Bettina Weber zuzuhören. Die nicht mehr ganz so fremde Nachbarin erklärte gut und ließ den trockenen Stoff spannend und hin und wieder sogar witzig erscheinen. Und sie sah umwerfend gut dabei aus. Die Melodie beschränkte sich darauf, die Worte der Dozentin hin und wieder mit dezenten Klängen zu untermalen, wie gute Filmmusik.

Bettina Weber schien viel wert auf professionellen Abstand zu legen, denn nach ihrem kurzen Gespräch bedachte sie Kora in den folgenden Stunden mit der gleichen freundlichen Distanz, die sie für das gesamte

Seminar bereithielt. Neben Kora, die es sich aber nicht anmerken ließ, störte diese Zurückhaltung vor allem Klaus, den Anzugtypen mit den bunten Krawatten. „Ich würde sie nicht von der Bettkante schubsen“, bemerkte er in einer Pause kauend und stieß seinen Banknachbarn kumpelhaft an. Dieser grinste zurück und sagte: „Die ist doch sicher schon weit über dreißig.“

„Na und?“ Krawattenklaus, wie Janine und Kora in heimlich nannten, blieb unbeirrt. „Erstens stehe ich auf erfahrene Frauen und zweitens sieht sie echt nicht danach aus. Klasse Figur!“

Janine schüttelte den Kopf und flüsterte Kora zu: „Als ob der Krawattenclown bei einer Frau wie Bettina Weber eine Chance hätte. Ich habe gehört, sie ist mit dem Typen zusammen, der den Laden hier leitet, der Graumelierte aus dem zweiten Seminar. Ganz andere Spielklasse.“ Janines Augen wurden schwärmerisch. „Hast du den mal gesehen? Vielleicht hätten wir doch den anderen Kurs nehmen sollen …“

Kora murmelte irgendetwas und vertiefte sich in ihre Unterlagen. War das übergekochte Nudelwasser also für den perfekt ergrauten Überflieger, dessen Bild auf allen Infoblättern im Gebäude prangte, gewesen? Sie fand die Vorstellung unangenehm, aber es fiel ihr auch sonst niemand ein, den sie gerne mit Bettina Weber beim Essen oder auf deren Bettkante gesehen hätte.

Wenn Kora nicht im Seminar war, schien ihr jede andere Tätigkeit zu lange zu dauern oder komplett sinnlos. Sinn hatten nur die Stunden am Samstag und am Mittwochabend. Sinn hatte der Schwung von Bettina Webers Arm, wenn sie etwas an die Tafel schrieb, Sinn hatte ihre Stimme, die tief und warm war, Sinn hatten diese verdammten blauen oder grünen Augen, in denen sich das Licht so fing, dass der Rest des Raumes im Dunklen versank.

Es war Koras Mutter, die das Offensichtliche beim Mittagessen an einem trostlosen Sonntag ahnungslos aussprach: „Du isst nicht, du hörst nicht zu, du bist ruhelos, ich sag mal, du bist verliebt. Gott, endlich! Ich hatte die Hoffnung schon fast aufgegeben. Ist es jemand aus dem Seminar?"

Kora fiel es wie Schuppen von den übermüdeten Augen. Es gab ein Wort für das wache Interesse, mit dem sie ihre Dozentin verfolgte, es gab ein Wort für die Träume, die sie nachts wach hielten. Sie war verliebt. Sie war verliebt in die klingende Lichtfängerin, sie war verliebt in Bettina Weber.

„Ja", antwortete sie ihrer Mutter unter Schock. „Es ist jemand aus dem Seminar, aber mach dir keine Hoffnungen auf eine baldige Traumhochzeit, da ist nicht zu machen. Schon vergeben." Das ließ die Mutter, die an die Ewigkeit einmal geschlossener Verbindungen glaubte, verstummen, während in Kora eine Revolution begann. Sie hatte ihren Zustand nicht nur nicht benennen können, weil Bettina Weber eine Frau war, sie hatte einfach so noch nie gefühlt. Und obwohl ihr das auf der einen Seite Angst machte, fühlte es sich auf der anderen Seite unglaublich gut an und ließ die ganze Welt in einem neuen Licht erscheinen. Es gab den Liedern im Radio einen Sinn und den Gedichten in ihren Büchern und es erklärte, warum die Menschen in Filmen umeinander weinten. Sie hatte das bis jetzt für übertrieben gehalten, aber in ihrer Sehnsucht nach den grünblauen Augen lag neben dem Glück schon jetzt ein Schmerz, von dem sie wusste, dass er sie zum Weinen bringen konnte.

Ich muss es ihr sagen, dachte sie, als sie abends wieder einmal auf den dunklen Balkon im Nebenhaus starrte, auf dem wenigstens der Wäscheständer zu sehen war. Ich kann es ihr nicht sagen, weil es gar nicht wahr ist, dachte sie am Morgen, als sie unter der eiskalten Dusche nach ein wenig Frische suchte. Verliebtsein heißt, dass man Sex haben will und das will ich mit einer Frau nicht! Das kann ich mir nicht einmal vorstellen! Natürlich wäre es schön, ihre Hand zu nehmen und in ihren Augen nach dem gefangenen Licht zu suchen. Es wäre auch schön zu spüren, ob ihr Herz im Takt mit meiner Melodie schlagen würde. Und ihre nackte Haut zu berühren und zu lauschen, ob die Musik dann lauter wurde. Kora wurde trotz der eisigen Sintflut aus Leitungswasser warm und sie blieb unter der Dusche, bis ihre Lippen begannen, blau zu werden. Es war doch wahr.

Janine verliebte sich in der zweiten Hälfte des Seminars und erlöste Kora aus der erzwungenen Fahrgemeinschaft, da sie nach dem Seminar immer direkt in die Nachbarstadt fuhr, um bei ihrem neuen Freund zu sein. Jetzt konnte Kora Samstags etwas später losfahren und hatte die Zeit im Auto für sich, ihre Vorfreude und ihre musikalischen Träume.

„Entschuldigung?" Bettina Weber erschien mit einem harmonischen Akkord neben dem offenen Fenster ihrer Fahrertür, als sie gerade den Wagen starten wollte. Kora verschlug es den Atem und so keuchte sie nur ein dünnes „Hallo" hervor.

„Mein Wagen springt nicht an und ich wollte heute etwas früher dran sein. Mit der Straßenbahn kann ich das vergessen. Würden Sie mich vielleicht mitnehmen, wir haben doch den gleichen Weg, oder?" Sie zwinkerte.

„Natürlich!" Kora deutete auf den Beifahrersitz und ihre fleischgewordene Melodie sank neben ihr ins Auto. Trotz des geöffneten Fensters füllte sich der Innenraum sofort mit dem blumigen Duft, der in der Wohnung so angenehm gerochen hatte. Kora startete den Wagen und lenkte ihn vorsichtig und schweigend Richtung Fachhochschule. Sie wagte in der Mischung aus Blumenduft und Wohlklang nicht zu sprechen.

„Wird wohl die Batterie sein", vermutete die wohlriechende Dozentin in die Stille hinein.

Kora schaute kurz zu ihr herüber, erhaschte einen lagunenblauen Blick und zwang ihre Hände, das Lenkrad gut festzuhalten. Jetzt oder nie, dachte sie.

„Da kann sich doch ihr Freund sicher heute Abend drum kümmern?“ Das Lied in ihr erklang in einer eigenartigen Mollversion, als sie den Satz sagte.

„Mein Freund? Das ist ja interessant, seit wann habe ich den denn?“ Bettina Weber sah sie fragend an. Koras Herz verlies den Brustkorb und trampelte mit schweren Schritten ihren Hals hinauf.

„Ich, äh … Sind Sie nicht mit Dr. Hoffmann zusammen? Ich dachte, dass hätte ich so verstanden.“

Bettina Weber lächelte. „Und Sie glauben, dass der was von Autos versteht?“

Kora musste schmunzeln und ihre Unsicherheit löste sich auf. „Ich hatte es für Sie gehofft.“

Sie lachten sich an und schwiegen dann den ganzen Rest der Strecke, ohne dass die Stille unangenehm war. Bevor Bettina Weber ausstieg, legte sie Kora kurz die Hand auf den Arm und sagte: „Wenn Sie mir einen Gefallen tun wollen, dann geben Sie den Gerüchten um meine Beziehung zu Dr. Hoffmann im Seminar keine neue Nahrung. Irgendwann hört noch seine Frau davon oder meine Mutter und die macht sich dann nur unnötige Hoffnungen.“ Sie zwinkerte wieder verschwörerisch und stieg aus. Kora folgte ihr. Beide gingen im Takt von Koras Melodie auf das Gebäude zu und Kora fand das Leben plötzlich sehr schön.

Sie brauchte allerdings die nächsten neunzig Minuten, um einen einzigen Satz zu formulieren. In der ersten Pause ging sie endlich nach vorne zum Pult und fragte: „Frau Weber, darf ich Sie denn heute Mittag auch wieder mit in die Nähe ihrer störrischen Batterie nehmen?“ Ihr Herz schlug einen Rhythmus, der auf einem EKG wie eine Zeichnung des Himalaja ausgesehen hätte.

Bettina Weber wirkte ehrlich erfreut. „Gerne! Das würde einiges einfacher machen. Haben Sie vielleicht auch noch ein Überbrückungskabel, dann könnten wir wenigstens einen halbherzigen Versuch starten, den Wagen wieder in Bewegung zu bringen, bevor ich die Werkstatt anrufe."

Kora nickte und ihre Gebirgsherzschlag beruhigte sich auf Alpenniveau. Sie hatte ein solches Kabel von irgendeinem ihrer letzten Freunde geschenkt bekommen und es lag bis jetzt unbenutzt und noch vollständig eingepackt im Kofferraum. Er würde nie erfahren, dass sie ab sofort die kurze Beziehung mit ihm nicht mehr für vollkommen verschwendete Zeit hielt.

Auf der Rückfahrt klang das Gespräch der beiden Frauen schon fast wie eine Unterhaltung zwischen guten Bekannten. Bettina Weber frage Kora nach ihrem Job, Kora fragte nach der Ausbildung der Dozentin und beide lachten schnell gemeinsam über die arrogante Attitüde, die im Marketingbereich oft Kompetenz ersetzen sollte. Wir könnten vielleicht einfach Freundinnen sein, dachte Kora. Sie parkte ihren Wagen dicht neben dem anderen Auto auf der Straße, dann schauten sie beide gemeinsam ratlos auf die beiden Batterien und das Kabel.

„Das kann so schwer nicht sein. Los her mit der Beschreibung, das schaffen wir."

Bettina Weber las Kora die einzelnen Schritte vor und wirklich gelang es ihnen nach einigen rasselnden Fehlversuchen, den Wagen in Gang zu bringen. Sie schüttelten sich mit gespieltem Ernst die schmutzigen Hände und es fiel Kora schwer, die warme Berührung wieder aufzugeben.

„Wissen Sie was, ich bin eigentlich keine Freundin davon, mit Seminarteilnehmern private Kontakte zu pflegen, das macht die Auftraggeber meist unruhig, aber wenn Sie es im Seminar vielleicht nicht so breittreten würden, dann würde ich Sie zum Dank gerne zum Essen einladen. Haben Sie heute Abend schon was vor?"

Kora hatte nichts vor, aber selbst wenn an diesem Abend ihre eigene Hochzeit gewesen wäre, hätte sie abgesagt. „Gibt es Nudeln? Dann bringe ich noch einen Schwamm mit." Das war der Ton, in dem man flirtete, das wurde Kora im gleichen Augenblick bewusst, als sie die Worte aussprach. Die schöne Dozentin schaute sie kurz und intensiv an, dann lächelt sie wieder und sagte: „Wir bleiben einfach gemeinsam neben dem Topf stehen, niemand wirft Tennisbälle und dann klappt das schon."

Dieses Mal erklang der Türsummer sofort nachdem Kora geschellt hatte und sie ging schnell die Treppe hinauf. Bettina Weber empfing sie in der Tür und sie sah umwerfend aus. Die zwar moderne aber immer etwas strenge Kleidung, die sie im Unterricht trug, war dem privaten Look gewichen. Der geflochtene Zopf fiel über ein schwarzes Hemd, das sie lässig über der tief sitzenden Jeans trug. Dort, wo das Hemd am Hals offen stand, ließ es eine silberne Kette sehen, die auf leicht gebräunter Haut lag. Kora suchte nach einem Wort, um den Anblick zu beschreiben, und fand nur verführerisch. Unfassbar verführerisch. So ist das also, dachte sie, während sie immer noch im Flur stand, so ist das also, wenn man jemanden zum Anbeißen findet. Eines musste sie ihrem Lied lassen, es hatte einen exzellenten Geschmack.

Während sie die vollkommen unfallfreien und sehr leckeren Linguini verspeiste und sich dabei angeregt unterhielt, fragte sie sich, ob sie wohl überhaupt irgendeine Wirkung auf die schöne Frau auf der anderen Seite des Tisches hatte. Und wie sie ihr sagen sollte, dass Leben ohne sie nicht sinnvoll war.

„Trinken wir noch ein Glas Wein auf der Terrasse?" Bettina Weber erhob sich und räumte die leeren Teller in die Spülmaschine.

Sie saßen einander in der Dämmerung des Abends gegenüber und Kora klammerte sich innerlich stürmisch klingend an ihr Weinglas wie an eine Rettungsboje.

„Sind Sie eigentlich immer so still oder ist der Abend mit der alten Dozentin doch etwas langweiliger als Sie dachten?" Bettina Weber beugte sich vor und berührte kurz Koras Knie, um sie aus der Trance zu reißen, in die sie scheinbar zum wiederholten Male gesunken war.

„Erstens ist das hier ein wunderschöner Abend und zweitens sind Sie doch gar nicht viel älter als ich“, brachte Kora hervor und fand sich mutig.

„Ich bin achtunddreißig und Sie sind neunundzwanzig, das weiß ich aus ihren Unterlagen. Neun Jahre finde ich schon eine ganze Menge. Mit neunundzwanzig wusste ich noch nicht so richtig, wo es langgehen soll. Was keine Beleidigung sein soll.“ Sie beugte sich wieder vor. „Es wirkt in der Tat auf mich, als ob Sie da schon etwas weiter sind.“

„Auf mich nicht. Ich weiß seit einiger Zeit eigentlich gar nicht mehr wo, es langgeht.“ Kora beschloss, der Melodie zu lauschen und mutig zu sein.

„Der Beruf?“ Bettina Weber nickte verständnisvoll.

„Der Beruf? Der ist es eigentlich ganz interessant … Mein Privatleben dagegen ist eine öde Wüste und das hat mich bisher noch nicht einmal gestört. Aber in letzter Zeit suche ich nach …“

Bettina Weber unterbrach sie lächelnd : „,… nach einer Oase?“

Kora holte tief Luft. „Ja, das trifft es. Eine Oase.“

„Das kenne ich gut. Und? Haben Sie denn auch eine Vorstellung, wie ihre Oase aussehen könnte?“, fragte Bettina Weber und auch ihr Tonfall hatte sich verändert. Im Schein der Kerzen auf dem Tisch leuchtete die silberne Kette an ihrem dunklen Hals wie das Kreuz des Südens. Es wies Kora den Weg.

„Ich weiß sehr genau, wie sie aussieht!“, sagte Kora und suchte den Blick der Frau auf der anderen Seite des Tisches. Sie sahen sich ernst an. Sie sahen sich lange an. Sie tauschten mit ihren Blicken Gedanken wie schimmernde Luftspiegelungen. Bettina Weber riss sich schließlich aus dem Blickkontakt, der intimer gewesen war, als jede Berührung, die Kora bisher in ihrem Leben erlebt hatte.

„Ich kann nicht …, ich … es tut mir leid … Kora, du musst jetzt gehen …“

„Warum muss ich gehen?“ Kora verstand die Welt nicht mehr. „Was ist denn los? Warum siehst du mich so an und dann schickst du mich weg?“ Ihr fiel gar nicht auf, dass sie zum Du gewechselt war.

„Du hast mich angesehen!“ Für Bettina schien das einen Unterschied zu machen. Sie erhob sich und bedeutete Kora, ihr zur Tür zu folgen. „Du gehst jetzt. Es war sehr nett, dass du mir mit dem Wagen geholfen hast.“

„Bettina ich …“ Kora kamen die Tränen, als sie in der Tür stand.

„Nein!“, sagte Bettina Weber mit klarer Stimme, dann schloss sie die Tür und Kora stand allein im dunklen Flur.

Sie weinte die ganze Nacht, ohne richtig zu verstehen, was passiert war. Sie schluchzte und schlug auf ihr Nackenkissen ein, dann lag sie wieder still und schniefte leise. Ihr wurde schmerzhaft klar, dass sie nichts darüber wusste, wie man einer Frau erklärte, dass man in sie verliebt war. Oder, dass man etwas fühlte, für das man keinen Namen hatte. Wenn sie den Abend mit ihren vergangenen Beziehungen und Affären verglich, war doch eigentlich gar nichts passiert. Sie hatten sich nicht geküsst, sie hatten nicht miteinander geschlafen, sie war nicht einmal dazu gekommen, wirklich etwas zu sagen. Sie hatten sich einfach nur angesehen. Doch dieser Blick hatte all das gehabt, was ihren Beziehungen bisher gefehlt hatte. Bettina musste das auch gefühlt haben. Sie hatte in ihren Augen gesehen, dass sie es gefühlt hatte. Aber sie hatte es nicht fühlen wollen, das war der gewaltige Unterschied zwischen ihnen gewesen. Warum sollte sie auch einfach diese Gefühle für eine andere Frau wollen? Kora hätte das für sich bis vor Kurzem doch auch völlig ausgeschlossen. Sie musste ihr einfach erklären, dass das hier etwas anderes war, sie musste ihr von der Melodie erzählen. Sie versuchte, ihre Gefühle in Worte zu fassen, scheiterte aber schon beim ersten Satz. Also schrieb sie nur: Ich muss dir alles erklären. Bitte melde dich!, Kora.

Am Morgen warf sie den Zettel in Bettinas Briefkasten und wartete. Das Telefon blieb stumm, genauso wie die Türklingel. Ihr Briefkasten blieb leer. Bettina Weber antwortete ihr nicht.

Am Mittwoch vor dem Seminar passte sie Bettina vor der Fachhochschule ab. Kora spürte das erste Klingen in sich, bevor sie sie sah, und zum ersten Mal tat ihr die Musik weh, als sie das abweisende Gesicht sah. Bettina wollte mit einem kurzen Nicken vorbeieilen, aber Kora hielt sie am Ärmel fest.

„Ich muss mit dir reden!“

Bettina schaute sie unwirsch an und erwiderte ruhig: „Kora, würden Sie mich bitte loslassen. Das hier ist mein Arbeitsplatz und absolut der falsche Ort für irgendwelche Dramen.“

Kora ließ den Ärmel los, als wäre dieser plötzlich heiß geworden, aber die Worte stürzten trotzdem aus ihrem Mund. „Ich wollte Ihnen nur sagen, dass ich Sie nicht erschrecken wollte, letzten Samstag. Ich bin nicht lesbisch oder so. Es ist nur so, dass Sie etwas Besonderes für mich sind. Ich weiß auch nicht wieso. Da ist eine …“

Jetzt schaute Bettina Weber wirklich böse und Kora schlug sich unwillkürlich die Hand vor den Mund.

„Wie schön für Sie, Kora, dass Sie nicht lesbisch sind, ich bin es nämlich schon. Aber ich bin nicht interessiert an überstürzten Affären, ich bin nicht interessiert an Ihnen!“ Ihre Stimme wurde etwas milder, als sie kurz in Koras Augen sah.

„Lassen wir das einfach, ja?“

„Ja“, antwortete Kora vollkommen überrascht und ging neben Bettina Weber her in den Seminarraum.

Kora wunderte sich in den Tagen nach ihrem Gespräch manchmal, dass sie es schaffte, ihre Arbeit zu erledigen, geradeaus zu laufen und regelmäßig zu atmen, denn eigentlich drehten sich ihre Gedanken nur um den einen Satz, den Bettina Weber gesagt hatte: „Ich bin es nämlich schon." Bettina Weber liebte Frauen. War deshalb das Lied erklungen? War das bei Lesben so, dass sie sich am Klang einer inneren Melodie erkannten? Kora schloss das eigentlich aus, denn sie kannte schon länger ein paar Lesben und hatte in ihrer Nähe bisher nichts von der Melodie gehört. Sie forschte im Internet, lieh sich Filme, schlief nicht und schaute jeden Samstag und Mittwoch tief in ihre Bücher, um nicht von ihrem zersplitternden Herzen erstochen zu werden. Denn Bettina Weber liebte zwar Frauen, aber sie interessierte sich nicht für Kora. Das war so unfassbar schmerzhaft. Bettina Weber warf ihr immer, wenn sie glaubte, dass es niemand sah, prüfende Blicke zu, die außer einer fast mütterlichen Sorge nichts über ihren Gemütszustand verrieten.

Ein Monat verging. Kora ging widerwillig zu einer Verabredung, die eine Freundin arrangiert hatte, aber sie hielt es nur bis zur Vorspeise aus, dann ließ sie den freundlichen jungen Mann mit einer schlechten Ausrede am Tisch sitzen.

Heute genau vor vier Wochen war der glücklichste Moment meines Lebens, dachte sie, als sie an diesem Abend wieder sicher in ihrem dunklen Wohnzimmer vor dem stummen Fernseher saß, in dessen dicke Staubschicht sie mit dem Zeigefinger ein großes Fragezeichen gemalt hatte. Sie wagte es kaum noch, auf die eigene Terrasse zu gehen, aus Angst, das Lied zu hören und zu wissen, das Bettina so nah war. Aber an diesem Abend wollte sie hinuntersehen auf den leeren Balkon, wenigstens das, wenn es schon sonst nichts mehr gab, was an jenen Samstag erinnerte. Sie betrat die Terrasse und schaute hinab. Ihr Herz setzte einen Schlag aus und dann sofort im Takt ihrer Musik wieder ein. Bettina saß auf einem der großen Liegestühle und sah zu ihr nach oben. Sie sahen sich wieder an. Eine kurze, lange Zeit. Und dann sah es aus, als ob ein Ruck durch Bettinas Körper lief, und sie griff nach dem Handy, das direkt neben ihr lag. Sie wählte und Koras Telefon begann zu klingeln. Sie stürzte ins Wohnzimmer und drückte hektisch auf den leuchtenden Knopf.

„Ich bin es. Deine Nummer steht in den Unterlagen“, bestätigte Bettinas Stimme das Offensichtliche.

„Du bist es“, sagte Kora und ging wieder hinaus auf die Terrasse. Bettina war auch aufgestanden und so standen sie jetzt beide nahe der jeweiligen Brüstung und sahen sich an. In der Dämmerung sah die große, schlanke Bettina Weber in ihrer dunklen Kleidung und mit dem geflochtenen Zopf aus wie ein verwegener Freibeuter, kurz vor einem nächtlichen Beutezug. Mein Romeo ist eine Frau, dachte Kora überwältigt.

„Wie geht es dir?“, fragte Bettina und Kora konnte sehen, wie sie sich dabei unruhig an den Hals griff.

„Schlecht. Sehr schlecht. Bis jetzt. Jetzt geht es mir gut. Es ist sehr schön, deine Stimme zu hören.“

Bettina überging das Kompliment und sagte: „Ich hätte dir sicherlich etwas mehr erklären können, aber ich war ehrlich gesagt zu überrascht von der Entwicklung zwischen uns. Und dann war ich wütend auf dich und …“

„Weil ich gesagt habe, dass ich nicht lesbisch bin?“ Kora fiel Bettina mitten in den Satz.

„Ja, darauf auch.“

„Woher soll ich wissen, was ich bin? Ich habe bis jetzt noch nie jemanden geliebt. Und dann sehe ich dich und alles, was ich will, bist du. Woher soll ich wissen, was ich bin?“ Koras Stimme hatte etwas Flehendes, das ihr selbst peinlich war.

„Das musst du nicht wissen. Aber ich bin nicht die Frau, die sich auf Experimente einlässt.“

„Du bist kein Experiment! Wenn überhaupt, bin ich ein Experiment und zwar schon mein Leben lang. Erst, seit ich dich kenne, habe ich angefangen, mich weniger wie ein schlecht gemischtes Reagenzglas zu fühlen!“

Koras Magen knurrte zum völlig falschen Zeitpunkt laut und anhaltend und ihr fiel ein, dass sie außer der abgebrochenen Vorspeise an diesem Tag noch nicht viel gegessen hatte. Sie folgte ihrem Impuls. Sie musste alles auf eine Karte setzen, denn sie hatte nur diese eine Karte.

„Hast du zufällig auch Hunger? Ich habe noch eine Pizza in der Truhe, die wir auftauen könnten. Wahrscheinlich schrecklich ungesund und voller Konservierungsstoffe und künstlichem Käse."

Es war zwar vollkommen unwahrscheinlich, dass Bettina auf ihren überraschenden Vorschlag einging, aber es war auch unwahrscheinlich gewesen, dass sie jemanden wie Bettina überhaupt jemals traf. Und doch war es passiert. Sie schauten sich wieder über zwei Häuser hinweg in die Augen.

„Du verstehst es aber wirklich, einem eine Einladung schmackhaft zu machen …, aber es bleibt bei Pizza!" Bettina klang erleichtert, aber auch vorsichtig.

„Nicht mal Salat?" Kora war über sich selbst verwundert.

„Du weißt, was ich meine." Es klickte im Hörer und Kora konnte sehen, wie Bettina aufstand und in die Wohnung ging.

Als sie die Tür öffnete und Bettina so sich vor sich stehen sah, hätte Kora die ganze Welt umarmen können, aber sie ließ es sich nicht anmerken und so schafften sie es ohne Zwischenfälle bis zum Küchentisch. Ihre Unterhaltung hielt sich eine Weile geschickt von jedem Thema fern, das den Abend gefährden konnte. Die Pizza schmeckte aufgetaut wirklich so schrecklich wie sie tiefgefroren ausgesehen hatte. Beide stocherten vorsichtig in der kulinarischen Sünde herum. „Du wolltest ja keinen Salat", bemerkte Kora lächelnd und sah, dass auch Bettinas Mundwinkel zuckten. Die Stimmung entspannte sich und Kora nahm sich schließlich ein Herz und fragte: „Seit wann weißt du, dass du lesbisch bist?"

„Lustig!", antwortete Bettina ernst. „Genauso hat mein Mann die Frage gestellt."

Kora sah Bettina verwirrt an. „Du bist verheiratet." Sie fürchtete, dass sie über Lesben noch viel weniger wusste, als sie gedacht hatte.

„Ich war es. Zehn Jahre lang, bis zum letzten Herbst, da hatte es einfach keinen Sinn mehr für mich." Bettina schob ein Stück kalte Pizza auf dem Teller im Kreis herum. „Ich hatte mich zu lange belogen und wollte nicht mehr weiter lügen. Da habe ich es ihm gesagt und er ist gegangen."

Kora folgte der kreisenden Pizza mit den Augen. Für sie gab es nur eine Frage. „Und wer war sie?"

Bettina lächelte die Pizza an. „Es gab keine sie oder besser gesagt, es gab Tausende, es hatte sie immer gegeben, mein Leben lang, aber ich hatte das ignoriert, genau wie die Tatsache, dass Männer mir eigentlich gleichgültig waren. Und dann konnte ich es plötzlich nicht mehr länger und beschloss, lieber allein zu sein, als ein verlogenes Leben zu führen. Seltsam, oder?" Sie sah Kora in die Augen. „Um deine Frage also zu beantworten, ich weiß es theoretisch schon immer, ich weiß es praktisch gar nicht. Aber das hat Zeit."

Kora hielt den Blickkontakt und sagte: „Nein hat es nicht. Ich höre Musik, wenn du in der Nähe bist."

Es sah aus, als wollte Bettina sofort aufstehen und gehen, aber dann verlagerte sich der Impuls und sie strich Kora sanft über die Hand. „Das ist das Schönste, das jemals jemand zu mir gesagt hat."

Kora blieb sitzen und spürte, wie ihre Melodie den Weg von Bettinas Hand auf ihrer nachzeichnete. Was Bettina über sich erzählt hatte, galt auch für sie, das wusste sie. Und wenn das hieß, dass sie lesbisch war, dann war das so und nicht anders.

„Kora, ich weiß nicht, was ich tun soll, du bist anders als ich dachte. Ich … ich dich rufe an, ja?", sagte Bettina plötzlich. Sie erhob sich schnell und ging zur Tür. Kora hielt sie nicht auf. Sie wartete einfach in der stillen Wohnung. Zehn Minuten später schellte ihr Handy. „Kommst du raus?", fragte Bettina und Kora fühlte sich durch diesen Satz an die

Sommernachmittage ihrer Kindheit erinnert. Sie warf sich eine Jacke über und ging hinaus auf die Terrasse. In der Dunkelheit konnte sie Bettina nur als Schattenriss im Gegenlicht der Wohnzimmerbeleuchtung erkennen.

„Glaubst du ich bin verrückt? Ich kann einfach leichter mit dir reden, wenn ich hier stehe und du da oben. Weil ich dann weiß, dass ich nichts überstürzen kann … ich … ich kann nicht alle meine Träume plötzlich neben einer kalten Pizza wahr werden lassen.“ Sie mussten beide lachen.

„Ich glaube, du bist wunderbar.“ Kora streichelte einen roten Blumentopf, in dem eine kaum gegossene Pflanze vor sich hin welkte. Alles, was sie wissen musste, war, dass Bettina etwas überstürzen wollte. Sie lehnten sich eng an die Brüstung und wünschten sich eine gute Nacht. Kora nahm das Handy mit ins Bett und legte es neben sich aufs Kopfkissen.

Von nun an telefonierten sie jeden Abend, tauschten aus, was sie am Tag gemacht hatten, und erzählten sich wichtige und unwichtige Dinge aus ihrem Leben. Im Seminar vermieden sie sich anzusehen und konnten es doch nie ganz verhindern. Wann immer sich ihre Augen jetzt trafen, lag eine stille Vorfreude darin.

Bei der Prüfung klammerte sich Kora so mit den Blicken an Dr. Hoffmann, dem Zweitprüfer, fest, dass der sich geschmeichelt die grauen Schläfen strich. Sie bestand mit guten Noten und bekam am Ende der Woche die Nachricht, dass sie die Stelle im Hauptsitz bekommen würde.

„Das müssen wir feiern!“ Kora rief Bettina schon auf dem Weg ins Wochenende an. „Lass uns doch essen gehen, ich lade dich ein.“

„Wie wäre es, wenn ich für uns koche?“ Bettinas Stimme hatte diesen Klang, der die Melodie sanft machte.

„Gerne. Wann soll ich bei dir sein?“

„Komm einfach rüber, wenn du fertig bist."

Sie umkreisten sich an diesem Abend wie eingefangene Planeten eine mächtige Sonne. Kora wusste, dass sie nicht mehr viel länger warten konnte, aber sie wusste nicht, wie es Bettina ging. Solange sie telefonierten, sprachen sie vertraut und waren sich nah. Jetzt, wo sie sich wirklich nah waren, fühlten sie sich fast wieder fremd. Bettina kochte und ließ Kora den Tisch decken, die Alltagshandlungen taten ihnen beiden gut. Sie aßen und sprachen und setzten sich schließlich mit einem Glas Sekt auf die große Couch in Bettinas Wohnzimmer

"Auf dich!", sagte Bettina und ließ ihr Glas an Koras klingen.

„Auf uns!", sagte Kora, nahm einen tiefen Schluck und stellte ihr Glas entschlossen zur Seite. Das hier war ihr Leben, das hier war ihre Frau und deshalb musste sie etwas tun. Sie überbrückte den kleinen Abstand zwischen ihnen mit einer einzigen Bewegung und endlich waren diese wunderbaren Augen ganz nah und diese Lippen waren nur noch einen Atemzug entfernt. Sie suchte in Bettinas Augen nach einem Signal, aber sie fand nur eine wartende Stille. „Du bist mein Lied, weißt du das?", flüsterte sie und ließ ihren Mund so nah an Bettinas Lippen verweilen, dass sie ihn beim Sprechen federleicht streifte. „Du bist meine Oase. Du bist mein Romeo."

Bettina schloss die Augen und ihre Zunge wollte wohl die eigenen Lippen befeuchten, aber sie berührte auch Koras Mund und die beiden fuhren wie von einem Stromstoß getroffen auseinander. Bettina wollte aufstehen, aber Kora griff nach ihrer Hand und sagte: „Du gehst nirgendwo hin. Ich weiß genauso wenig wie du, was mit uns passieren wird, aber ich weiß, dass das hier und jetzt Liebe ist. Und dass wir es wert sind." Sie zog die schöne Frau zurück auf das weiche Sofa und war überrascht über ihren Mut. Sie folgte der Musik in sich und ihr Mund wanderte über Bettinas dunkle Haare und ihre weichen Wangen bis zu ihren Mundwinkeln. Kora küsste Bettina mit sanftem Drängen immer und immer wieder und als sie fühlte, wie diese schönen Lippen sich für sie öffneten, wurde sie selbst Musik.

„Hörst du das?“, flüsterte sie in Bettinas Mund, als sie sie mit sich auf die große Liegefläche zog.

„Nein“, sagte Bettina lächelnd. „Aber ich fühle das, ich fühle dich und ich fürchte, ich werde dich auch ohne Musik lieben, denn das tue ich jetzt schon so lange.“

Bettinas Hand suchte ihren Weg unter Koras Kleidung und über Koras nackte Haut und es war, als ob sie auf ihrem Weg das Lied mitnahm und in unendlichen Variationen über Koras Körper verteilte.

Es ist ja ein Liebeslied, dachte Kora und überließ sich ganz den Klängen ihrer sanften Dirigentin.

Morgen, Kinder, wird's was geben …

Zu diesem Text passt die knusprige Süße von „Much Better than Chocolate" hervorragend. Hebt aber auch die sahnige Sanftheit der „Bandnudeln Bilitis".

„Kling Glöckchen, Klingelingeling, Kling Glöckchen, Kling." Über den festlich geschmückten Hütten des Weihnachtsmarktes schwebte das alte Weihnachtslied und schien sich in der Dämmerung federleicht mit dem Duft von gebrannten Mandeln und Glühwein zu mischen. Kinder mit roten Wangen zogen ihre Mütter von Hütte zu Hütte und in ihren Augen spiegelten sich die unzähligen Lichter der Tannenbäume.

„… macht mir auf, ihr Kinder, ist so kalt der Winter …"

Ich summte mit und bedauerte mich dafür.

Nach den klingelingenden Klingglöckchen würde die Stihille Nacht, die heiiiiliiige Nacht drei Minuten Weihnachtsstimmung in den Klangteppich weben, dann das auffallend rotnasige Rentier Rudolf, dann der immergrüne O Tannenbaum, dann ein sehr, sehr langes Medley internationaler Weihnachtsweisen auf der Panflöte vorgetragen und dann, allzu schnell, würden schon wieder die Klingglöckchen klingen.

Ich drückte meine rechte Hand tief in die Tasche des Mantels und umklammerte die Rolle mit dem Wechselgeld. Sie lag wunderbar in der Hand. Ich war mir sicher, wenn ich etwas weiter nach rechts gehen würde, die Knie leicht anbeugte und weit genug nach hinten ausholte, könnte ich in der Hütte gegenüber mit einem gezielten Wurf die alphabetisch geordneten, fröhlichen Namenskaffeetassen von Annika bis Jaqueline vom Regal fegen. Wenn ich wirklich gut warf, würden vielleicht die Frühstücksbrettchen mit den eingebrannten Namen noch mitgerissen werden und …

„Ich will den Bunten!!"

Ich ließ die Geldrolle ertappt los und starrte auf das kleine Kind, das direkt vor mir stand und in den Wust der Luftballons deutete, die ich in der Hand hielt.

Den Bunten, okay.

Alle Ballons, die ich in der Hand hielt, waren schreiend bunt, aber das würden der nicht geschäftsfähige Interessent und ich sicher noch klären können.

„Welchen meinst du denn?" Gerade als ich mich nicht ganz ohne Mühe mit allen Ballons zu dem potentiellen Kunden hinabgebeugt hatte, riss eine abgekämpfte Mutter mit zu vielen Plastiktüten in der Hand den Kleinen nach hinten und begann, ihn zu beschimpfen. „Wie oft habe ich dir gesagt, du sollst warten und nicht alleine weglaufen? Wie oft? WIE OFT?" Es schien eine sehr große Zahl zu sein, nach der hier gefragt wurde, denn der Kleine begann ohrenbetäubend zu brüllen, und die Ballons und ich richteten uns erschreckt und taub wieder auf und sahen den beiden zu, wie sie sich weinend und schreiend durch die Massen drängten.

Ich wechselte die Ballonschnüre von der schwitzigen Linken in die trockene rechte Hand und rieb mir die freigewordenen Finger unauffällig an meinem roten Weihnachtsmannmantel trocken.

Brauchte ich wirklich so dringend Geld?

Ja, leider!

Seit acht Tagen besserte ich viermal die Woche für fünf lange, endlose Stunden mein spärliches Studenteneinkommen mit dem Verkauf bunter Heliumballons auf. Und, nicht zu vergessen, mit dem Verkauf von lustigen Nikolausmützen, deren weißer Rand mit rot blinkenden Lämpchen besetzt war.

Manchmal, wenn ich mich in der spiegelnden Fläche neben dem Zelt des Weihnachtsmannes (fünfzehn Uhr, achtzehn Uhr, sonntags auch elf Uhr) betrachtete, war ich nahe daran, die deutsche Sektion von Amnesty International um Hilfe zu bitten. Da stand ich, für alle zu bewundern, bei fünfzehn Grad im November, in einem zu großen, viel zu warmen, rotweißen Mantel gewickelt, trug auf dem Kopf eine hysterisch blinkende Nikolausmütze und hielt dreißig Heliumballons in schreienden Farben in der Hand, damit mich auch wirklich niemand übersehen konnte.

Mein einziges Glück war die Tatsache, dass mich bis jetzt noch keiner von meinen Bekannten in diesem Aufzug erspäht hatte.

„Andrea?"

Und damit hatte sich mein einziges Glück auch erledigt! Und zwar gründlich!

„Manuel!"

Vor mir stand der junge Mann, von dem alle meine Freundinnen glaubten, er wäre meine neue große Liebe, seit wir auf einer Party vor zwei Wochen in leicht weinseligem Zustand an den Lektionen eins bis drei des Zungenküssens für Anfänger gescheitert waren.

Und dem ich versprochen hatte anzurufen.

Und den ich nicht angerufen hatte.

Was ihm offensichtlich in genau diesem Moment wieder einfiel.

„Du wolltest doch anrufen …" Er blickte leicht verletzt auf seine Schuhe. Für einen Moment wünschte ich, die Ballons in meiner Hand hätten die Macht, mich vom Boden fortzuziehen und mich auf einem weit entfernten Weihnachtsmarkt vor der Hütte mit dem hochprozentigen Punsch wieder hinabzulassen.

Ich drückte mir die schreckliche Mütze noch tiefer in die Stirn und hoffte, dass ich wenigstens so bescheuert wie möglich aussah, das würde die folgenden Worte für ihn einfacher machen.

„Manuel, ich …"

„Wer hätte das gedacht! Mein kleiner Bruder kennt die Weihnachtsfrau!" Aus dem Nichts tauchte neben Manuel eine schlanke, große Frau mit kurzen, blonden Haaren auf und zog scherzhaft an meinen Ballonschnüren. „Wenn ich Manuel auf deinen Schoß lasse, kriege ich dann Prozente auf den Micky-Maus-Ballon?"

„Dana, das ist Andrea und … Andrea, das ist meine Schwester

Dana." Manuel schaute jetzt zur Abwechslung mal auf meine Schuhe und versank nach dieser Vorstellung in Schweigen.

„Die Andrea? Von der du nach Jochens Party ununterbrochen erzählt hast?" Während ihr Bruder weiter unsere Schuhmodelle verglich, musterte sie mich mit einem seltsamen Blick. Mir wurde erst warm, dann heiß, dann heißer und plötzlich wünschte ich mir nichts sehnlicher, als keinen zu großen roten Mantel und keine blinkende Mütze anzuhaben. Sie sah aus wie eine dieser schönen, unnahbaren Frauen, denen ich manchmal auf der Straße hinterherschaute und von denen ich schuldbewusst schon seit meiner Kindheit träumte. Nie war eine von ihnen in meiner Nähe stehen geblieben.

„Kleiner, seit wann hast du denn so einen guten Geschmack?"

Manuel wurde so rot wie mein Mantel und murmelte etwas völlig Unverständliches. Ich kam mir vor wie eine schlecht geschnitzte Figur in einem Krippenspiel, die auf ewig zu einem verzückten Gesichtsausdruck verurteilt war und starrte Manuels Schwester an, als wäre sie das frisch geborene Jesulein in der Krippe. Sie erwiderte den Blick unverschämt lang und viel zu intensiv, schien sich dann dabei zu ertappen und schaute betont fürsorglich auf ihren Bruder.

„Na, dann lass ich euch beide mal alleine. Du kommst doch sicher auch zu unserer Adventsparty? Da sehen wir uns." Sie stupste Manuel an die Schulter. „Ich warte auf dich am Auto."

Adventsparty? Ich konnte von der Vorweihnachtszeit plötzlich nicht mehr genug bekommen.

„Manuel, tut mir leid, ich wollte dich anrufen, aber ich habe so nach einem Job gesucht, und dann die Klausuren ..." Er hob vorsichtig den Blick. Was die Krippenfiguren anging, versuchte ich im Moment, wie die Mutter Gottes zu lächeln, selig und unschuldig.

„Hättest du denn wirklich Lust, am Samstag auf die Party zu kommen?" Sein Blick verirrte sich leicht zweifelnd in den blinkenden Signalen über meinen Augen.

„Samstag wäre toll! Ich muss zwar bis acht arbeiten, aber dann …, gerne!“

Interessanterweise wurden meine Träume von unbekannten schönen Frauen in der folgenden Woche etwas expliziter.

Und blonder.

So explizit und blond ehrlich gesagt, dass ich zweimal völlig aufgewühlt erwachte und leicht enttäuscht auf das leere Kissen neben mir starrte. Ich fand es eigentlich nicht weiter ungewöhnlich für eine heterosexuelle Frau, von anderen Frauen zu träumen, ich tat das immerhin schon mein ganzes Leben lang und hatte nie darüber nachgedacht, diese Träume in die Tat umzusetzen.

Ich HATTE nie daran gedacht, jetzt dachte ich fast an nichts anderes mehr.

Am späten Samstagabend stand ich auf der Party, wehrloses Opfer einer wahrscheinlich durch das permanente Tragen des männlichen Weihnachtsmantels ausgelösten Lustattacke, und versuchte gleichzeitig drei Dinge zu tun:

1. mit Manuel ein belangloses, aber freundliches Gespräch zu führen
2. seinen mit jedem Glas Glühwein mutiger werdenden Händen auszuweichen und
3. den gesamten Partybereich unauffällig nach großen, blonden schlanken Frauen abzusuchen.

Die Party schritt voran und die Schwester blieb unsichtbar, ich trank Glühwein und bemühte mich, dem zunehmend besitzergreifenden Druck von Manuels Händen auf meiner Schulter etwas abzugewinnen. Er präsentierte mich stolz seinen Freunden und wollte mich schließlich sogar seinen etwas abseits sitzenden Eltern vorstellen.

Das war mein Stichwort: „Wo ist eigentlich deine Schwester? Wollte die nicht auch kommen?“

„Wollte schon, aber sie hat sich mal wieder mit meinem Vater gestritten und deshalb ist sie zu Hause geblieben. Passiert vor Weihnachten eigentlich regelmäßig …“ Er versank kurz in leicht angetrunkene Melancholie. „Sie ist schon mit achtzehn ausgezogen, da war ich gerade zehn. Mein Vater kann einfach keine Ruhe geben, weil sie …“

Ich wartete.

„Sie ist …“

Ich nahm einen sehr großen Schluck Glühwein und eine meiner heiß/kalt empfindlichen Plomben jagte mir als Dank einen Pfeil aus purem Schmerz in die Falte zwischen meinen Augen. Ich stöhnte leise auf. Manuel legte mir beruhigend die Hand auf den Arm.

„Sie steht auf Frauen.“ Er quetschte den Satz zwischen den Zähnen hindurch, als müsste er ihn kleiner machen und schaute mich Verständnis suchend an.

Ich konnte ihm mit keiner angemessenen Reaktion dienen, nicht mal mit einer unangemessenen, weil meine Emotionen vollauf damit beschäftigt waren zu begreifen, dass ich sie nicht wiedersehen würde, während mein Verstand fieberhaft ausrechnete, wie alt sie war. Manuel war genau wie ich zweiundzwanzig, er war zehn, als sie auszog …

„Sie ist dreißig!“, stieß ich schließlich traurig hervor.

„Sie ist lesbisch!“, flüsterte er eindringlich, als hätte ich das nicht begriffen.

Ich hatte es begriffen.

Sie war dreißig, sie war lesbisch und sie war nicht hier.

Ich trank Glühwein, bis ich den Mut fand, Manuel zu sagen, dass ich nicht an ihm interessiert war und seinem Vater, dass ich seine Tochter heiraten wollte. Dann nahm ich mir ein Taxi und schlief in meiner Wohnung weinend auf den Badezimmerkacheln ein.

„Kling Glöckchen, klingelingeling.“

Die dicke Frau im Reibekuchenstand gegenüber lachte mir schon zum dritten Mal in der letzten Stunde zu und ich wurde zum dritten Mal in der letzten Stunde rot.

Was war nur mit mir seit dieser abgebrochenen Adventsparty passiert? Es fühlte sich an, als hätte jemand eine Folie von meinen Augen entfernt und plötzlich traten alle Frauen viel klarer hervor. Ich sah ihre Hände über Stoffe streichen und bekam eine Gänsehaut, ich hörte ihre Stimmen leise raunen und wollte mich auf ihrem Schoß zusammenrollen. Manchmal, wenn sich fremde weibliche Lippen mit sanfter Gewalt an die rote Umhüllung der Paradiesäpfel pressten und ich sah, wie weiße Zähne sich in die Schale gruben, musste ich die Augen schließen, um das Zittern in meinem Inneren zum Schweigen zu bringen. Keine Nacht verging mehr ohne Träume von großen blonden Frauen. Im schönsten dieser Träume war Manuels Schwester wieder auf dem Weihnachtsmarkt erschienen und hatte mich wortlos in das dichte Tannengestrüpp hinter dem Kettenkarussell gezogen. Als ihre Hand sich unter meinen roten Mantel geschoben und ihre Zunge meine Lippen gestreift hatte, waren die geschnitzten Engel im Stand nebenan in so lauten Jubel ausgebrochen, dass das Jesuskindlein in der Krippe erwacht war. Warum war das so? Es war doch überhaupt nichts passiert. Ich hatte einem aussichtslosen Verehrer seine Situation klargemacht (wie ich das immer tat) und zuviel Glühwein getrunken (wie ich das jedes Jahr vor Weihnachten tat).

Und eine Frau, die ich überhaupt nicht kannte, war nicht auf eine Party gekommen, auf die ich auch besser nicht hätte gehen sollen.

Jetzt lächelte auch die ältere Dame, die die geschnitzten Krippen verkaufte, und zwinkerte mir zu. Ich schloss die Augen und zog die Stirn verzweifelt zusammen, um alle Gedanken an lächelnde, streichelnde, küssende Frauen aus meinem Denken zu verbannen.

„Ich fürchte, das ist die Art Gesichtsgymnastik, die zu frühzeitigen Falten führt! Wobei dir das wahrscheinlich auch noch gut stehen würde.“

Ich öffnete die Augen mitten in ein leuchtendes blondes Strahlen hinein und konnte mit einem Mal die Angst der Hirten an der Krippe verstehen. Im Osten musste ein Stern aufgegangen sein, denn SIE stand vor mir und lachte und sprach. Wenn ich Weihrauch oder gar Myrrhe dabeigehabt hätte, ich hätte ihr beides zu Füßen gelegt.

„Wie viele Ballons muss ich kaufen, damit du Feierabend machen kannst?“ Ich sah in ihren schelmisch fragenden Augen Dinge, die ich noch nie in menschlichen Augen gesehen hatte.

Meine Hände lösten wie von selbst den Griff um die Ballonschnüre und wir sahen den bunten Heliumfiguren zu, die ihre plötzliche Freiheit nutzten und stolz dem Abendhimmel entgegenschwebten. Ein erstauntes, vielstimmiges „Ahh“ und „Ohh“ erklang aus der Weihnachtsmarktmenge und ein Heer von hochgereckten Zeigefingern folgte dem bunten Schwarm auf seiner Flucht.

„Du bist verrückt!“ Sie grinste. „Ich hatte zwar eigentlich vor, dich zum Essen einzuladen, aber man sollte da wohl in Anbetracht der Situation flexibel sein. Darf ich diese Runde heliumgefüllter Luftballons übernehmen?“

Ich nickte voller Glück. „Ich kriege eine Sonderzulage, wenn ich alle Ballons an einem Tag verkaufe, und die sollte locker für zwei Portionen Reibekuchen reichen. Magst du Reibekuchen?“

Sie hakte sich lachend in meinen schrecklichen Weihnachtsmantel und zog mich mit sich fort.

Warum man Spaghetti einfach mögen muss

Kurz und knapp, unumgänglich zu den „Spaghetti Na? Nie! Nie?", ansonsten der verbale Schuss Erotik, der dem „Risotto Otalia" auf den richtigen Weg hilft.

Man erwacht aus einem grauen Nichts, das irgendwo zwischen Vollnarkose und Wachkoma liegt, und weiß nicht genau, wer man ist und was einen ins Leben zurückgerufen hat.

Irgendwie schiebt man unter beträchtlichen Mühen ein Augenlid auf eine brauchbare Höhe. Dort rastet man es schmerzvoll ein und blickt der Sonne, die hinter einem schlecht zugezogenen Vorhang auf diesen Moment gewartet hat, ins Gesicht.

Das helle Lächeln der Sonne wirkt nur so lange freundlich, bis man es wagt, auch die andere Pupille freizulegen. Dann verwandelt es sich blitzschnell in ein hämisches Grinsen, aus dem zwei gleißende Stahlschwerter sich durch die Augen mitten ins Gehirn bohren. Man stößt, ohne es zu wollen, einen Tierlaut aus und sackt zusammen.

Es ist schon lange nicht mehr Morgen, hat man jetzt begriffen, dann liegt man wieder mit tränenden Augen still.

Was ist nur passiert?

Die Zunge tastet vorsichtig im eigenen Mund herum, der sich anfühlt, als wäre er mit frischem Hamsterfell ausgekleidet.

Das ist nicht gut.

Man überlegt unglücklich, warum die Sonne so gemein sein muss, fragt sich, ob der Hamster ohne Fell jetzt friert und wie man verdammt noch mal in diese Situation gekommen ist.

Mittlerweile haben sich einzelne Gehirnzellen aus der mächtigen Cocktailwelle, die mit lautem Brüllen durchs Gehirn schwappt, gerettet und Teile der eigenen Biografie kehren reumütig in der Reihenfolge

Mensch, Frau, Lesbe, Single ins Bewusstsein zurück. Interessant. Nur die Erinnerung an den gestrigen Abend bleibt am Grunde eines trüben Tümpels im Frontallappen liegen.

Man sinkt kurz willig zurück in einen Dämmerzustand und dreht sich am Rande leichter Übelkeit zusammen mit der Erde um die grelle, böse Sonne.

Und dann bewegt sich plötzlich der unförmige Hügel auf der anderen Bettseite, den man bis jetzt für die Bügelwäsche gehalten hatte, und seufzt. Da man sich mittlerweile wieder einigermaßen sicher ist, dass Bügelwäsche nicht seufzen kann und der Hügel für einen gehäuteten Hamster zu groß ist, wird einem schlagartig bewusst, dass man nicht allein ist.

In einer möglichst natürlichen Schlafbewegung ertastet man den eigenen Bekleidungszustand und die klebrige Nacktheit lässt nur zwei Schlüsse zu. Entweder (was unwahrscheinlich ist) ist man frisch einem riesigen Ei entschlüpft oder (was wesentlich wahrscheinlicher ist) man wurde frisch gevögelt.

Der Deckenhügel streckt sich und lässt ein nacktes Bein sehen, das einem nicht bekannt vorkommt. Das eigene Gehirn schiebt verzweifelt Erinnerungsbruchstücke wie Mosaiksteine hin und her, um ein klares Bild zu erhalten. Kneipe, Cocktails, Cocktails, Cocktails, Wodka, Caipirinha, Karaoke, Duett … o mein Gott. Hatte man wirklich alle Strophen von „My Heart will go on" mit einer der Teilnehmerinnen eines Junggesellinnenabschieds in ein Mikrofon gebrüllt? Und dann später noch einmal mit der zukünftigen Braut?

Was man auch versucht, es lässt sich kein Puzzleteilchen finden, das sicher zeigt, welche der beiden gesanglich gleich unterbegabten Heterofrauen einem beim Abschied gezeigt hatte, dass sie ihre Zunge ansonsten erstaunlich zielgerichtet bewegen konnte. Und ihre Hände. Und ihre Hüften. Man fühlt ergeben den Schmerz einiger leichter blauer Flecken am Hintern.

Das Gedächtnis lässt sich davon angeregt netterweise zu einer leicht pornografischen Diashow hinreißen und man sieht die unwillkürlich stoßenden Hüftbewegungen der unbekannten Fremden, die einen immer wieder gegen den Heizkörper gedrängt hatten. Und dann? Diashow: Klick. Schneller Orgasmus. Klick. Taxi. Klick. Heimlicher Orgasmus. Klick. Küche. Klick. Mühsamer Orgasmus. Klick. Bett. Klick. Gemeinsamer Orgasmus. Klick. 69. Klick. Multipler Orgasmus. Klick. Nichts.

Aus dem Deckenhügel kriecht ein Nest zerwühlter blonder Strähnen hervor und stöhnt. Man schaut in ein fremdes Auge, hinter dem ein fremdes Gehirn den gleichen Auferstehungsprozess durchlebt. Strecken. Stöhnen. Tasten. Und dann fallen auch auf der anderen Seite die Mosaiksteinchen an den richtigen Platz und die zukünftige Braut, denn natürlich ist sie es, schießt wie eine menschliche Flipperkugel aus dem Bett und irrt eine Weile in der fremden Wohnung herum, bevor sie das Bad findet. Dann kehrt die nackte Fremde zurück, rafft ihre Kleidung mit eisigem Schweigen zusammen und man nimmt sich still ein paar Dinge vor, die man in Zukunft anders machen will.

„Ich bin nicht so“, sind ihre Abschiedsworte und man kann jetzt sicher sein, dass die gestrige Einladung zur Hochzeit ihre Gültigkeit verloren hat.

Ohne ihr zu widersprechen schläft man ein und isst am späten Abend eine große Portion Spaghetti, weil man bei denen vor dem Kochen auch überhaupt nicht sehen kann, wie willig sie sich um die Gabel wickeln, wenn sie erst einmal richtig nass sind.

Straight until wet, denkt man fröhlich und beschließt nach zwei Kopfschmerztabletten nie wieder mehr als einen Cocktail zu trinken, aber trotzdem zu der Hochzeit zu gehen.

Immerhin gab es da doch auch noch Brautjungfern.

Wintereinbruch

Eine Geschichte wie ein komplettes Menü. Am besten in Lese-Häppchen aufteilen und zwischen den einzelnen Gängen vorlesen.
Menüvorschlag:
Vorspeise: Klär of the Moon
Hauptgericht: When Knife is Falling
Nachspeise: Much Better Than Chocolate

„Und sie will unbedingt dass wir beide anwesend sind? Wie dramatisch! Wenn es um Geld geht, spricht sie sonst doch auch nur mit dir. Hast du eine Ahnung, was sie uns sagen will?“ Seine Stimme klang eher gelangweilt und abwesend als interessiert und sie konnte selbst durch das Telefon hören, dass er schnell auf den Tasten seines Computers tippte. Sie sah ihn vor sich, den Hörer zwischen Schulter und Ohr geklemmt, den Blick fest auf dem Monitor. Ihr wurde klar, dass sie gar nicht wusste, ob sein Schreibtisch zur Tür oder zum Fenster stand. Hatte er nicht etwas von einer neuen Anordnung der Möbel erzählt? Wann war sie eigentlich zum letzten Mal in seinem Büro gewesen? Ihr langes Schweigen schien ihm nicht aufzufallen. Greta Winter räusperte sich in die Stille und sagte: „Keine Ahnung was sie sagen will, aber es ist ihr wichtig. Sei also bitte pünktlich.“ Er murmelte etwas Beruhigendes und sie drückte den roten Knopf auf dem Hörer etwas zu fest. Dann ließ sie ihre Finger über die Tastatur gleiten, als gäbe es eine Zahlenkombination, die das, was kommen würde, verhindern konnte, bevor es geschah. Oder die die Tür zu einer Realität öffnete, in der alles ganz anders war. Denn sie wusste viel zu gut worum es an diesem Abend gehen würde. Wie konnte sie nicht wissen, was ihre Tochter ihnen sagen wollte? Wie konnte man jemanden gebären und aufwachsen sehen und nicht fühlen, dass dieser Tag, dieses Gespräch kommen würden. Sie starrte auf das Bild der sportlichen jungen Frau neben ihrem neuen Motorrad, das in der Küche an der Pinwand hing. Wie konnte er es nicht wissen?

Sie räumte die auffallend ordentliche Wohnung noch einmal auf, weil sie plötzlich das Gefühl hatte, dass die Kissen nicht gerade genug auf dem Sofa lagen und die Blumen auf der Fensterbank sich vollkommen chaotisch der Scheibe entgegen reckten. Ordnung und Sicherheit hatten in ihrem Leben immer eine große Rolle gespielt und sie hatte es heimlich bewundert, wie furchtlos Jana die Regeln brach. Hatte dieser Tag wirklich kommen müssen, fragte sie den Gummibaum, der klaglos zuließ, dass sie seine Blätter zum zweiten Mal an einem Tag abrieb. Hätte sie es nicht vielleicht doch verhindern können, verhindern müssen? In ihrem Kopf mischten sich die Bilder. Das kleine, wilde Mädchen, der hilflose, verzweifelte Teenager, die trotzige junge Frau. Sie hoffte, dass Bernd es nicht so schwer nahm.

Nicht so schwer wie sie.

Jana Winter warf ihre Tasche in den Flur und stürmte in die Küche. „Riecht lecker! Papa noch nicht da? Ich bringe die schmutzige Wäsche nach oben. Sind meine Jeans sauber geworden?" Greta fühlte einen flüchtigen Kuss auf der Wange und dann war Jana schon auf dem Weg in die erste Etage. Warum ging eigentlich einem Verrat so oft ein Kuss voraus, fragte sie sich plötzlich wütend. Du bist unfair, wies sie sich zurecht und ließ zornig einen dichten Pfefferregen auf die wehrlose Tomatensoße niedergehen. Sie verstand mit einem Mal, warum übellaunige Götter in biblischen Zeiten aus heiterem Himmel Länder geflutet und Städte verbrannt hatten. Weil sie es konnten. Bernds Schlüssel drehte sich im Schloss und sein Kuss traf beinahe die gleiche Stelle, die ihre gemeinsame Tochter eben noch geküsst hatte. Ich bin ein praktischer Berührungspunkt, dachte Greta Winter böse. Sie deckte den Tisch bewusst langsam und gründlich und hörte die Stimmen ihrer Tochter und ihres Mannes, die sich im Wohnzimmer fröhlich unterhielten. Warum auch nicht? Hatte sie erwartet, dass bis zur großen Verkündigung alles still blieb. Sie richtete das Besteck akkurat an den Servietten aus und stellte die Gläser alle im gleichen Abstand zu den Tellern auf. Das war die letzte Kontrolle, die sie über diesen Abend hatte und sie wollte sie am liebsten gar nicht aufgeben.

Bernd Winter schlang sein Essen wie immer so schnell hinab, dass Greta sich ärgerlich fragte, ob seine Geschmacksnerven die vorbeirasenden Lebensmittel überhaupt wahrnehmen konnten, oder ob sie sie für etwas zu dicke Atemluft hielten.

„Schmeckst du eigentlich irgendwas"?, fragte sie ihn zu laut und zu böse. Er sah sie verwundert an. „Natürlich, alles sehr lecker. Du weißt doch, dass ich schnell esse." Jana räusperte sich. Jetzt, dachte Greta und lud sich noch zusätzliche Kartoffeln auf den fast unberührten Teller.

„Ich wollte euch etwas über mich erzählen." Jana legte ihre Gabel vorsichtig neben den Teller und sah zwischen Greta und Bernd hin und her. „Ich habe keine Ahnung, wie das, was ich zu sagen habe, am besten funktioniert, also mache ich es schnell und hoffe, dass ihr mich versteht." Greta starrte ihren kalten Kartoffelberg an und fragte sich, warum sie eigentlich keine Nudeln gekocht hatte. Oder Reis.

„Ich habe mich verliebt." Sagte Jana in diesem Augenblick und ihre Augen glänzten. „Sehr, sehr verliebt."

„Das ist doch wunderbar." Bernd langte über den Tisch und tätschelte seiner Tochter liebevoll die Hand. „Ich habe dir immer gesagt, dass der Richtige schon noch kommt. Studiert er mit dir?"

Greta Winter hätte am liebsten laut losgelacht. War Bernd wirklich so naiv? So blind?

„Nein", sagte Jana, „wir kennen uns von hier. Und nein, der Richtige ist nicht gekommen." Sie machte eine Pause und sah ihre Mutter an. Du weißt es doch, sagten ihre Augen. Greta schlug den Blick nieder.

„Ich habe mich in eine Frau verliebt." Jana Winter schaute kampfeslustig in die Runde, aber an dem Kampf, der sich lautlos in Gretas Innerem abspielte, ließ ihre Mutter sie nicht teilnehmen. Bernd strich sich ratlos über die schütter gewordenen Haare und suchte nach Worten. „Ich bin überrascht", presste er schließlich hervor und schwieg wieder.

„Es ist nicht so, als ob ich nicht schon seit Jahren wüsste, dass ich auch auf Frauen stehe. Aber das waren irgendwie Gefühle, über die ich gar nicht sprechen wollte oder konnte. Seit ich Sascha kenne, ist das anders geworden. Alles ist anders geworden."

Bernd sah unsicher und mittlerweile auch ärgerlich aus. „Du willst uns also mal eben beim Essen mitteilen, dass du lesbisch geworden bist. Verstehe ich das richtig?"

„Nein, das verstehst du nicht richtig. Ich bin nichts geworden. Ich liebe Sascha, weil ich bin, was ich bin, und ich hoffe, ihr könnt mich verstehen und euch für mich freuen. Mutti?" Sie sah ihre Mutter fast flehend an.

Das Wort lesbisch hatte aus Bernds Mund wie eine seltsame Krankheit geklungen und Greta fragte sich, warum sie das so verletzte. Hatte sie denn nicht schon oft das Gleiche gedacht? War es denn nicht auch unnormal? Wenn sich zwei Frauen liebten? Wenn man sich nach einer Frau sehnte? Wenn ihre Tochter eine fremde Frau küsste?

„Wie lange kennt ihr euch denn schon?", fragte sie schließlich gequält. Für Jana Winter war das das Startsignal und die Entstehungsgeschichte ihrer Liebe sprudelte überglücklich aus ihr hervor.

„Sechs Monate. Es hat ein wenig gedauert, bis ich sie von mir überzeugen konnte. Aber ihr kennt mich ja, wenn ich etwas will, bekomme ich es auch." Sie zwinkerte übermütig und selbstsicher. Jetzt ist wohl der Augenblick, an dem ich stolz auf unsere Erziehung sein sollte, dachte Greta Winter.

„Sie hat dich also nicht verführt? Der Name Sascha klingt für mich übrigens eher männlich." Bernd schob seinen Teller ruckartig von sich weg, als lägen die Neuigkeiten, die er gerade erfahren hatte, neben den Resten seines Putenschnitzels.

Greta starrte ihn fassungslos an und sagte: “In welchem Jahrzehnt bist du denn heute Morgen aufgewacht?“

„Sascha ist die Kurzform von Alexandra und da gab es nichts zu verführen, Papa. Sie ist nicht die erste Frau, mit der ich schlafe, die anderen waren nur nicht …“, sie überlegte einen Moment, “… bedeutend.“

„Die anderen? Das sind vielleicht etwas zu viele Informationen vor dem Nachtisch, aber schön, endlich zu erfahren, dass deine Pubertät nicht ganz ereignislos war.“ Bernd flüchtete sich in den Zynismus, der ihn vor allem, was ihn emotional bedrängte, schützte.

„Ich bin dreiundzwanzig Jahre alt. Ich gebe zu, dass ich nicht mit euch darüber gesprochen habe, aber habt ihr wirklich gedacht, ich hätte noch keine sexuellen Erfahrungen?“ Jana war der Appetit ganz offensichtlich nicht vergangen, denn sie begann demonstrativ, ihren Schokoladenpudding zu löffeln.

Greta sah ihren Mann fragend an. Das war eine gute Frage. Was hatten sie beide eigentlich gedacht? Sie wusste, was sie selber befürchtet und gehofft hatte. Warum aber hatte sie nie mit ihm über Jana gesprochen? Warum hatte er nie gefragt? Warum hatte sie nie allein mit Jana darüber geredet? Es war zu still im Raum und die Harmonie, die ihre Treffen sonst so angenehm machte, stand frierend in der Ecke. Sie suchte nach einer Frage, die Jana nicht verletzen würde und die ein gewisses Interesse zeigte. Ihr fiel nichts ein. Alles in ihrem Inneren wehrte sich dagegen, noch mehr über das, was sie schon so lange ahnte, zu erfahren. Warum benehme ich mich wie meine eigene Mutter, fragte sie sich. Ich bin fünfundvierzig und benehme mich wie eine verstockte Alte, die keine Veränderungen ertragen kann. „Ist sie so alt wie du?“, fiel ihr schließlich ein, nachdem sie „Was machen denn ihre Eltern?“ verworfen hatte.

„Nein, ist sie nicht. Sie ist älter als ich.“ Für Jana schien der Pudding an Geschmack zu gewinnen, denn sie leckte den Löffel sehr genüsslich ab und ein unerwarteter Stolz blitzte in ihren Augen auf. „Sascha wird in vier Wochen fünfunddreißig. Das ist auch noch etwas, über das ich mit euch sprechen wollte. Ich würde gerne eine Überraschungsparty zu ihrem Geburtstag für sie in unserem Garten geben. Nichts Großes, nur ein paar Freundinnen.“

„Es ist doch Winter.“ Greta hoffte, dass das stimmte, denn Zeit und Raum rotierten munter in ihrem Kopf.

„Um so cooler. Wir leihen das große Zelt von den Pfadfindern und grillen auf der Terrasse. Wintergrillen ist total angesagt.“

Bernd stand auf und holte sich demonstrativ einen Cognacschwenker aus dem Schrank. „Du wirst sicherlich entschuldigen, wenn wir die Entscheidung über diese Party noch etwas verschieben und erstmal die Nachricht verdauen, dass unsere Tochter in einer lesbischen Beziehung lebt. In einer lesbischen Beziehung mit einer zwölf Jahre älteren Frau, möchte ich noch anfügen um unseren Anspruch auf Bedenkzeit zu verstärken.“

„Was macht es für einen Unterschied, wie alt sie ist? Du bist auch zehn Jahre älter als Mutti.“ Jana sah zu, wie ihr Vater sich eine viel zu große Menge Cognac ins Glas füllte und ihrer Mutter fragend die Flasche hinhielt. Greta schüttelte ablehnend den Kopf und Bernd trank den Weinbrand in einem großen Schluck.

„Trotz all deiner vielen Erfahrungen bist du immer noch ziemlich jung und beeinflussbar.“ Er versah das Wort Erfahrungen hörbar mit Anführungszeichen. „Und ein wesentlich älterer Mensch ist immer in der Lage, jugendliche Begeisterung auszunutzen und sie in gewisse Richtungen zu lenken. Warum sucht sie sich denn keine Frau in ihrem Alter?“

„Was für eine dumme Frage! Weil Liebe so nicht funktioniert, Papa. Ich bin überrascht, dass du das nicht weißt. Oder hätte es für dich einen Unterschied gemacht, wenn Mama viel älter oder viel jünger gewesen wäre? Hättest du dich dann nicht in sie verliebt?“

„Das ist doch was ganz anderes.“ Bernds Stimme verriet, dass er sich in die Enge getrieben fühlte.

„Was genau ist denn daran so anders? Mutti, warum sagst du eigentlich nicht auch mal was?“ Jana fixierte ihre Mutter wütend.

Warum sagte sie nichts? Greta fehlten die Worte und der Wille, dieses Gespräch irgendwo hinzulenken. Jede Richtung erschien ihr gleich ungewiss und gefährlich. Also sagte sie, was sie sich immer vorgenommen hatte zu sagen: „Du bist unsere Tochter und nichts kann das ändern. Du wirst selber am besten wissen, was gut für dich ist.“

Bernd nahm noch einen Schluck aus dem großen Glas und sah sie verwundert an. „Das ist alles? Unsere Tochter treibt wer weiß was mit einer älteren Lesbe und das ist alles, was du zu sagen hast?“ Greta wusste, dass ihn seine Unsicherheit in diese Ecke gestellt hatte, aber seine Worte stießen sie trotzdem ab und sie konnte sehen, wie sich Janas Augen mit Tränen füllten.

„Nein …“ sagte sie, während sie Bernd mit wütenden Blicken zur Vernunft rief, „… das ist nicht alles, was ich zu sagen habe. Ich möchte sie gerne kennenlernen, Jana.“

Jana nickte ihr zu und schaute dann fragend zu ihrem Vater, der sichtbar mit sich rang.

„Dann bring sie von mir aus mit, aber erwarte keine Wunder. Ich weiß nicht, ob ich mich an diesen Gedanken gewöhnen kann. Oder will.“ Er verließ den Raum und beide Frauen hörten wie die Tür zu seinem Arbeitszimmer zuschlug.

Jana sah ihre Mutter hilflos an. „Ich bin dieselbe, weißt du?“

„Natürlich.“ Greta schloss ihre Tochter in die Arme. „Gib ihm Zeit und mir auch. Und jetzt erzähl mir von deiner Sascha.“ Sie hatte sich oft vorgenommen, all diese Sachen zu sagen, aber jetzt fielen sie ihr schwer und klangen unecht. Jana schien das nicht zu bemerken, sie ließ sich wieder auf einen Stuhl fallen und begann, von der Liebe in ihrem Leben zu erzählen.

Nachdem Jana gegangen war, blieb Greta in der Küche sitzen und sortierte mühsam ihre Gedanken und Gefühle. Sie war froh, dass Bernd in seinem Arbeitszimmer schmollte, denn so blieb ihr diese Zeit für sich allein. Es war also passiert, was sie immer befürchtet hatte und von jetzt an musste sie auch außerhalb ihrer eigenen Gedanken mit einer lesbischen Tochter leben. Sie musste mit Bernd über dieses Thema reden, eine fremde Frau kennenlernen, die mit ihrer Tochter schlief, und neugierige Verwandte und Bekannte ertragen. Es heimlich zu vermuten, war die eine Sache gewesen, es zu leben, würde eine andere werden, das wurde ihr schmerzhaft klar. Und es wurde ihr auch klar, dass ihre Tochter eine Angst in ihr weckte, die sie mit großem Aufwand vor langer Zeit in einen tiefen Schlaf geschickt hatte.

Bernd ließ seine Verunsicherung in den nächsten Tagen an ihr aus und da sie den Kampf bereitwillig annahm, stritten sie sich über jede Kleinigkeit. Nachdem er sie am Ende der Woche mit Jana telefonieren hörte, blaffte er sie im Flur wütend an.

„Alles total normal für dich, oder? Unsere Tochter kann keine Männer lieben und du tust so, als ob sie sich nur ein paar neue Schuhe gekauft hat." Er äffte sie mit übertrieben hoher Stimme nach: „Dann bring sie mit am Wochenende. Kein Problem. Alles wunderbar."

„Bernd!" Sie suchte in seinen Augen nach dem liebenswerten Mann, der von diesem flachstirnigen Neandertaler gefangen gehalten wurde. „Es ist für mich auch nicht leicht, aber du kannst mir doch nicht erzählen, dass dich Janas sexuelle Orientierung völlig überrascht. Mein Gott, du hast sie doch auch aufwachsen sehen. Es ist doch eher ein Wunder, dass wir so lange nicht darüber gesprochen haben."

„Für mich hat es keinen Grund gegeben, über irgendwas zu reden. Sie ist eben ein bisschen wilder und frecher gewesen und hat sich nicht so sehr für Schminke und solches Zeug interessiert. Das heißt doch nicht, dass sie pervers ist."

Greta fuhr herum, als hätte er sie geschlagen. „Das ist nicht dein Ernst, oder? Pervers? Weil deine Tochter sich in eine Frau verliebt hat und dich das in deiner kleinlichen Männlichkeit kränkt, ist unser Kind pervers? Ich kann nur hoffen, dass du das nie ihr gegenüber äußerst."

Er schlug um sich, weil er die Situation nicht unter Kontrolle bekam, das wusste sie, aber es interessierte sie nicht.

„Ich werde versuchen, ihr weiter die Mutter zu sein, die sie braucht, und du solltest selber entscheiden, ob du deine Tochter verlieren willst, weil sie nicht in allem so ist, wie du es dir erträumt hast. Ach übrigens, sie kommt am Sonntag und sie bringt ihre Freundin mit."

Sie nahm ihren Autoschlüssel vom Haken und ging hinaus. Sie fuhr trotz der Kälte mit offenem Fenster durch die Stadt und wünschte sich, sie könnte ewig so weiterfahren, schnell, allein und ohne Ziel.

Jana Winter hatte im letzten Moment entschieden, dass ein Treffen auf neutralem Boden wohl für alle angenehmer war, und so fand sich Greta am Sonntagabend neben einem unwilligen Bernd beim gemeinsamen Lieblingsitaliener der Familie. Da sie einander nicht wie sonst gegenübersaßen, sondern gemeinsam an einer Tischhälfte, sahen sie sich nicht an, sondern starrten über die beiden leeren Stühle auf der anderen Seite hinweg in den Raum. Gretas Haut prickelte und ein hohles Gefühl im Magen verdarb ihr jeden Appetit. Wahrscheinlich ging es Bernd ähnlich, aber sie fragte ihn nicht danach, denn sie wollte keine Gemeinsamkeit mit ihm haben, nicht an diesem Tag. Sie unterhielten sich mühsam und jedes Mal, wenn sich die Tür öffnete, zuckten ihre Augen zu den Neuankömmlingen. Dadurch, dass der Kellner ihnen sehr ausführlich die Empfehlungen der Küche für den Abend vortrug, verpassten sie den Augenblick, in dem Jana und Sascha das Lokal betraten, und so standen die beiden Frauen unvermittelt neben dem Kellner am Tisch. Jana beugte sich zu ihrer Mutter hinunter und gab ihr einen Kuss auf die Wange, ihrem Vater nickte sie kühl zu. Greta und Bernd starrten beide verlegen und überrascht auf die große, feminine Frau mit den langen blonden Haaren, die neben ihrer Tochter stand. „Ich bin Sascha Tamari", sagte sie freundlich in das Schweigen und reichte Greta ihre Hand über den Tisch. Greta nahm die Hand, die sich mit festem Druck um ihre schloss, und schüttelte sie unsicher. „Greta Winter", sagte sie. „Und das ist Bernd." Sie deutete auf ihren Mann und gab ihm mit ihrer Vorstellung gar keine Möglichkeit, sich hinter der Distanz ihres Nachnamens zu verschanzen. Bernd reichte der fremden Frau die Hand und sah aus, als ob er die Welt nicht mehr verstünde. Jana und die schöne Fremde setzten sich auf die freien Plätze am Tisch und Jana erzählte von der mühsamen Parkplatzsuche, die zu ihrer Verspätung geführt hatte. Der Kellner erschien wieder mit Brot und Oliven und nahm ihre Bestellungen auf. Greta beobachtete über ihre Speisekarte hinweg, wie sich die beiden Frauen auf der anderen Seite eine gemeinsame Vorspeise aussuchten und sich dann spielerisch darüber stritten, welche Hauptgerichtkombination am besten für beide wäre. Wenn sie sich anlachten, neigten sich ihre Köpfe unwillkürlich einander zu und ihre Arme berührten sich ständig, so nah saßen sie beieinander. Der Altersunterschied zwischen beiden war zwar sichtbar, aber machte sie als Paar, das auch ansonsten auf eine sehr attraktive Art unterschiedlich war, noch interessanter. Yin und Yang, hell und dunkel, ruhig und wild.

Greta warf einen Blick auf den Abstand, den sie und Bernd voneinander hielten, und fühlte sich alt und leer. Bernd schien der Anblick der schönen Frau auf der anderen Tischseite die Sprache verschlagen zu haben, denn er blieb den ganzen Abend auffallend still. Immer wieder glitten seine Augen über Sascha und sein Gesichtsausdruck wechselte zwischen widerwilligem Wohlwollen und totalem Unverständnis. Da Jana und Sascha sich offensichtlich vorgenommen hatten, das Gespräch in Gang zu halten, blieb die Unterhaltung trotzdem angenehm angeregt. Greta stellte vorsichtige und unverfängliche Fragen und Sascha antwortete so offen und freundlich, dass sich die anfängliche Unsicherheit in

Greta weitgehend auflöste. Sie war Lektorin in einem großen Verlag und ihre Schilderungen über die oft absurden Manuskripte, die sie erreichten, brachten selbst den stillen Bernd zum Schmunzeln. Wenn Sascha etwas erklärte, strichen ihre Hände wie helle, schöne Vögel durch die Luft.

„Ohne Bücher kann Sascha keinen Tag leben, da ist sie wie du, Mutti." Jana sprach wie immer mit vollem Mund.

„Ist das so?" Sascha hob den Blick von ihrem Glas und sah Greta mit ehrlichem Interesse an. Ihr Gesicht war dezent und trotzdem wirkungsvoll geschminkt und Greta fühlte sich unter dem prüfenden Blick der gekonnt umrandeten Augen unruhig werden.

„Ja, das ist so", sagte sie deshalb nur und blickte lieber auf die Jacobsmuscheln in ihren Nudeln.

Als Greta und Bernd am späten Abend wieder nebeneinander im breiten Ehebett lagen, sagte er plötzlich in die Dunkelheit. „Sie sieht ziemlich gut aus, diese Sascha, findest du nicht?"

Greta drehte sich auf die andere Seite und schaute auf ihren Nachttisch, auf dem ein halb gelesener Krimi lag, und sah die schönen Hände vor sich. „Überrascht dich das?"

„Ich habe mir bis vor Kurzem keine Gedanken darüber gemacht, wie die richtige Frau für meine Tochter aussehen könnte. Aber diese Frau sieht irgendwie nicht …" Er stoppte sich mitten im Satz.

„Nicht lesbisch aus?" Greta sprach aus, was er dachte. „Ist das dein Ernst? Sieht denn unsere Tochter lesbisch aus?"

„Nein." Er klang nicht kampfeslustig, eher verwirrt. „Jana ist eben dieser sportliche Frauentyp. Aber Sascha …, ich meine, sie sieht so feminin aus. Sie ist ja eher so ein Typ wie du, nur in blond halt. Sie ist doch absolut der Typ, auf den Männer stehen", bestätigte er, was Greta schon den ganzen Abend gesehen hatte.

„Und deshalb kann sie keine Frau lieben?"

„Das habe ich nicht gesagt!"

„Aber gedacht! Nun, sie tut es offensichtlich und wir sollten uns beide daran gewöhnen."

Er erwiderte nichts und sie atmeten beide in ihre Kopfkissen. Nach einiger Zeit hörte Greta, wie Bernds Atem langsam regelmäßiger wurde und er einschlief. Sie selber starrte schlaflos in die Dunkelheit. Sascha Tamari. Schon ihr Name klang wie ein exotisches Gericht.

„Und was ist mit der Party? Ihr habe doch jetzt gesehen, dass Sascha perfekte Tischmanieren hat. Ich muss sonst nämlich einen anderen Platz suchen." Jana war ihrer Mutter zwei Wochen später nach dem Essen in die Küche gefolgt.

„Von mir aus. Macht eure Party." Greta räumte das Geschirr in die Spülmaschine. „Papa ist es auch egal."

„Wie schön, dass es ihm egal ist. Werdet ihr denn da sein? Oder plant ihr, euch in gebührendem Abstand zum lesbischen Geburtstagstreiben aufzuhalten? Es werden nämlich noch andere Lesben anwesend sein." Jana ließ die Ironie in ihrer Stimme deutlich durchklingen.

Greta ignorierte ihren Tonfall. „Ich werde wohl hier sein, bei Papa weiß ich das nicht, er wollte an diesem Wochenende Golf spielen."

„Dann bist du natürlich auch eingeladen!" Jana legte einen Arm um ihre Mutter. „Mutti, du musst sie einfach besser kennenlernen, sie ist wunderbar. Ihr habt bestimmt jede Menge blutiger Krimis, über die ihr reden könnt. Sie hat mich schon ein paar Mal gefragt, was du denn so liest. Du hast auf jeden Fall Eindruck auf sie gemacht."

In Greta flackerte unruhige Freude auf wie ein kurzes heftiges Sommergewitter. Sie drückte ihre Tochter an sich und fühlte sich wie eine Verräterin.

Greta erwischte sich nach dem Abendessen mit ihrer Tochter immer öfter dabei, dass sie sich fragend im Spiegel betrachtete. Sie war fünfundvierzig und die Linien in ihrem Gesicht waren in den letzten Jahren sichtbar tiefer geworden. Apart, nannte Bernd das und sie sah in den Augen anderer Männer, dass ihre Erscheinung immer noch Bewunderung auslöste. Was willst du denn dann auf einmal, fragte sie sich, aber die Augen im Spiegel hatten keine Antwort. Sie strich sich in der Nacht mit der Hand über die eigene nackte Haut und fragte sich, ob es das war, was Jana fühlte, wenn sie Sascha berührte. Eine Unruhe, die gegen jeden Tee immun war, trieb sie über Tag aus dem Haus und sie deckte sich mit neuer Kleidung ein. Sie erwischte sich dabei, dass sie nach einer Jeans und einem Sweatshirt griff, die sie normalerweise als zu jugendlich für sich abgetan hätte.

„Mutti, du siehst sagenhaft aus." Jana drehte ihre Mutter spielerisch im Kreis und bewunderte die neue Jeans ausführlich. „Man, wenn ich deine Figur hätte! An dir sieht echt alles gut aus. Sascha hat recht."

Greta hoffte, dass ihre roten Wangen als Folge der Drehbewegungen durchgingen und fragte: „Womit hat Sascha recht?" Es lag ein gefährliches Glück darin, diesen Namen auszusprechen.

„Dass ich mein gutes Aussehen von dir habe. Du hättest mir die Figur ruhig auch noch mitgeben können." Sie zwinkerte übermütig. „Ist eigentlich nicht schade, dass Papa keine Zeit hat, mir gefällt es besser, wenn erst mal nur du mit uns feierst." Sie schaute auf das große graue Zelt im Garten, an dem sich sechs Frauen emsig zu schaffen machten. „Und wie gefallen dir meine Freundinnen?"

„Ich bin nicht sehr glücklich darüber, dass du uns bis jetzt niemanden aus diesem Teil deines Freundeskreises vorgestellt hast, aber ich finde sie alle sehr nett." Wenn Greta ganz ehrlich war, hatte sie sich die jungen Frauen, die Zeltstangen, Getränke und Grillzutaten hin- und herschleppten, gar nicht genau angesehen.

Jana drückte sie fest an sich und sagte: „Ich wusste immer, dass du mich verstehen würdest und ich hoffe, dass Papa es auch noch lernt. Wenn die anderen da sind, verstecken wir uns im Zelt. Sascha kommt um acht, ich habe ihr gesagt, dass ihr später weggeht und wir beide hier ganz romantisch zusammen essen. Sie hat keine Ahnung von der Party. Machst du ihr auf und bringst sie in den Garten?"

„Natürlich." Greta strich ihrer Tochter über die kurzen Haare.

Als es klingelte, stürmte die bunte Geburtstagsgesellschaft kichernd in das geschmückte Zelt und Greta ging mit ernstem Gesicht zur Tür. Sie redete sich ein, dass sie sich sammeln musste, um die Überraschung nicht sofort zu verraten, aber sie wusste, dass das nicht der einzige Grund war.

„Frau Winter." Sascha war sichtlich überrascht und trat unbewusst einen Schritt zurück. Greta lächelte in das interessante Gesicht, das mit ihrem auf einer Höhe war. Sie ist zu schön, dachte Greta. Diese Augen, wie sie das wohl hinbekommt, dass man nirgendwo anders mehr hinschauen möchte? Sascha sah sie fragend an. „Ich dachte, ich wäre hier mit Jana verabredet? Habe ich da was falsch verstanden?"

„Nein!" Greta riss sich schnell aus ihren Betrachtungen. „Jana ist hier und wartet schon auf Sie." Sie öffnete die Tür weiter und ließ Sascha eintreten. „Gehen Sie doch schon mal vor, ich glaube sie ist noch im Garten."

„Und wie komme ich dahin?" Sascha blieb dicht neben ihr im Flur stehen. Sie roch nach einem Parfüm, das Greta bekannt vorkam. Ein Winterduft, holzig, dunkel und ein wenig schwer. Greta wies durch das Wohnzimmer auf die offene Terrassentür. Sascha sah das große graue Zelt in der hinteren Ecke des großen Gartens stehen und schaltete sofort. „Überraschungsparty?"

Greta grinste. „Das volle Programm. Herzlichen Glückwunsch, übrigens." Sie reichte Sascha die Hand, die diese mit beiden Händen ergriff.

„Vielen Dank. Wenn wir uns besser kennen würden, würde ich Sie jetzt bitten, mir bei der Flucht zu helfen."

„So schlimm?" Greta sah auf die beiden Hände, die ihre hielten. Der Winterduft legte sich um ihren Kopf wie ein Nebelstreif.

„Ehrlich gesagt? Ja. Aber ich fürchte, da muss ich jetzt durch. Jana zuliebe.“ Sie seufzte übertrieben tief.

„Ich pass auf Sie auf, wenn Sie sofort aufhören, Frau Winter zu mir zu sagen. So viel älter bin ich doch auch wieder nicht.“ Greta wusste nicht, was sie dazu gebracht hatte, das zu sagen, aber es war genau das, was sie fühlte.

„Abgemacht!“ Sascha zögerte kurz. „Greta.“

„Dann mal hinein in das Zelt der Löwin.“

Sascha löste ihre Hände von Gretas und beide sahen sich einen Moment an. Diese Augen, dieser Duft nach Wald und Winter, dieser Nebel. Greta wurde es schwindelig.

Nein, dachte sie, nein.

Greta verfolgte das bunte Treiben auf der Party zum großen Teil von einem bequemen Liegestuhl neben dem warmen Grill aus. Ihre anfängliche Befangenheit beim Anblick der Frauenpaare, die sich beiläufig küssten oder eng miteinander tanzten, legte sich so schnell, dass sie sich selbst fragte, ob sie sie überhaupt empfunden hatte, oder nur geglaubt hatte, sie empfinden zu müssen. Sie war zunehmend froh, dass Bernd wirklich in sein Golfwochenende gefahren war, mit ihm zusammen wäre der Abend angespannt verlaufen. Sie selbst wäre angespannter gewesen. Auch Jana und Sascha tanzten am späten Abend miteinander und dieses Mal fiel es Greta schwer zu sehen, wie Sascha ihre Wange dicht an die Wange ihrer Tochter legte und hingebungsvoll die Augen schloss. Bei der eigenen Tochter ist es eben doch etwas anderes, dachte sie. Sie begann eine Unterhaltung mit einer Kommilitonin von Jana, die sie immerhin flüchtig kannte, und verbot sich, Jana und Sascha mit den Augen zu folgen.

„Wo sind eigentlich all die Bücher, von denen Jana erzählt hat, dass Sie sie lesen?“ Sascha stand plötzlich mit einem Glas Sekt in der Hand neben ihr und überschrie die Musik, die lauter geworden war. Jana winkte aus einem wilden Kreis, der sich im Takt der Bässe drehte.

„In meinem Schlafzimmer." Greta hatte das vorher noch nie so formuliert, aber sie wollte in diesem Moment nicht „unser Schlafzimmer" sagen.

„Wollen Sie sie gerne sehen?"

„Wenn es Sie nicht beunruhigt, mal eben mit der Geliebten ihrer Tochter im Schlafzimmer zu verschwinden, gerne!" Sascha grinste. Greta schlug das Herz bis zum Hals, als sie aufstand, aber sie wusste, dass sie nach außen ruhig wirkte. Übung macht die Meisterin, dachte sie. Sie schlichen wie zwei nächtliche Diebe hintereinander durch das dunkle Haus und Greta hätte am liebsten überhaupt kein Licht gemacht. Nie mehr.

„Läuft doch gut, oder?" Sie lächelte Sascha im aufstrahlenden Glanz der Schlafzimmerbeleuchtung an.

„Was läuft gut?" Sascha schaute sie leicht verwirrt an.

„Die Party. Ist doch nicht so schlimm, wie Sie dachten.

„Du."

„Was?" Greta hatte die zusätzliche Lampe über dem großen Regal eingeschaltet und drehte sich wieder um.

Sascha stellte sich dicht neben Greta neben die Bücher. „Ist doch nicht so schlimm wie DU dachtest. Ich bin doch jetzt offiziell deine Schwiegertochter. Und wie du schon erwähntest, gar nicht so viel jünger." Sie schwankte leicht und musste sich am Bücherregal festhalten.

„Du bist vor allem ein wenig betrunken."

„Das auch." Sie lachten sich wieder an.

„Wow!" Sascha inspizierte die Regalbretter die von Wand zu Wand und bis zur Decke reichten. Schnell fanden sie gemeinsame Vorlieben und Greta war froh, Sascha eine ihrer neuen Entdeckungen, eine norwegische Krimiserie, leihen zu können. Sascha wollte, bevor sie das Zimmer verließen, ihren letzten Schluck Sekt hinunterstürzen und hielt dann inne. „Haben wir eigentlich schon Brüderschaft getrunken?"

„Nein, aber ich denke das Du ist auch so besiegelt." Greta musste über das leichte Schlurren in Saschas Stimme schmunzeln.

„Ehrenwort?" Sascha spuckte in ihre rechte Hand und hielt sie erhoben, wie junge Männer es tun, zum Einschlagen hin. Greta fragte sich noch tagelang, warum sie überhaupt nicht gezögert hatte, denn sie spuckte in die eigene Hand und drückte Saschas. Die beiden feuchten Handflächen machten ein leises schmatzendes Geräusch, als sie aufeinander trafen, und Sascha zog sie kurz näher und drückte sie an sich. Greta trat einen Schritt zurück und löste die Hände voneinander. Sascha schlug sich die Hand mit geschlossener Faust vor die Brust und sagte mit tiefer Stimme: „Winnetou, mein Bruder."

Greta nahm ihr das fast leere Glas aus der linken Hand, gab ihr die Bücher und sagte: „Du solltest echt nichts mehr trinken."

„Mein roter Bruder ist weise." Sascha folgte ihr brav zurück in den Garten, wo Jana sie sofort in den Tanzkreis zog.

Selbst Bernd fand in den folgenden Monaten immer weniger Negatives an der Freundin seiner Tochter und behandelte sie nach einem langen Gespräch über Literatur, das die beiden eines Abends nach einer gemeinsam besuchten Lesung allein führten, mit wachsendem Respekt.

„Den guten Frauengeschmack hat sie von mir!", sagte er kurz vor Ostern unvermittelt zu Greta, nachdem er mit seiner Tochter telefoniert hatte und Grüße von Jana und Sascha an sie weitergab.

„Ach ja?" Greta musste über seine Selbstgefälligkeit schmunzeln. Sie war froh, dass die kühlen Diskussionen und heftigen Auseinandersetzungen über das Liebesleben ihrer Tochter fürs Erste der Vergangenheit angehörten. Aus der familiären Katastrophe war für Bernd nach und nach ein kleineres Problem und schließlich eine etwas seltsame Tatsache geworden.

„Von dir kann sie ihn ja nicht haben, du hast dafür eben einen perfekten Männergeschmack." Er zog sie an sich und sie ließ es zu, dass die Umarmung inniger wurde, obwohl ihre Gedanken sich weit von ihm entfernten.

„Sie überlegen übrigens, ob sie für eine Woche ins Ferienhaus nachkommen. Sascha weiß allerdings noch nicht, ob sie Urlaub bekommt." Bernd trank seinen morgendlichen Kaffee wie immer im Stehen und ließ sie mit diesen Worten allein in der Küche zurück. Greta wollte nicht glauben, was sie soeben gehört hatte. Das Ferienhaus am Meer war ihr Rückzugsort, ihre Garantie für Ruhe und Entspannung.

„Fragt mich eigentlich auch mal jemand, mit wem ich meine freie Zeit verbringen möchte?", schrie sie hinter Bernd her, der schon viel zu weit weg war, um es zu hören. Sie fegte wütend ein paar Brötchenkrümel vom Tisch und suchte dann ungehalten die Sachen für ihre Yogastunde zusammen.

Für Greta hatte die gemeinsame Zeit mit Jana und Sascha immer etwas von einem Seiltanz auf einem dünnen schwankenden Draht und sie hatte in den zurückliegenden Wochen ganz bewusst jeden ausgiebigen Kontakt vermieden. Als Jana ihr nach der Gartenparty die Bücher zurückbrachte, die sie Sascha geliehen hatte, reagierte sie sehr ungehalten auf den Vorschlag, doch mit Sascha Handynummern auszutauschen, damit sie sich über die Bücher unterhalten konnten.

„Sie ist deine Freundin und das ist auch vollkommen in Ordnung. Sie kann gerne Bücher leihen oder mit dir zum Essen kommen, aber ihre Handynummer brauche ich nun wirklich nicht." Gretas Ton war etwas abweisender ausgefallen, als sie es selbst erwartet hätte.

Jana hatte ihre Mutter verständnislos angeschaut und dann den Kopf geschüttelt. „Ich dachte, meine Beziehung zu Sascha ist für dich in Ordnung und du findest sie nett?"

„Ja, ich finde sie nett, ich finde euch beide nett." Sie zog ihre Tochter an sich und lächelte. „Du kennst mich doch, ich benutze mein Handy kaum, was soll ich da mit ihrer Nummer? Deine reicht mir!"

In der Yogastunde weigerte sich Gretas Geist, mit dem Körper zu einer harmonischen Einheit zu verschmelzen, sondern wanderte körperlos voraus in ihr Ferienhaus, in dem eine vom Schlaf zerzauste Sascha morgens auf der Terrasse stand und sich wohlig streckte. Ihre nackten Arme mit den schönen, schlanken Händen reckten sich der Sonne entgegen und ihr blondes Haar wogte wie wilder Weizen im Wind. Wie soll ich eine Woche auf einem dünnen Draht laufen ohne hinunterzustürzen, fragte Greta sich und hatte keine Antwort.

„Sie kommen am Freitagabend. Das gute Wetter hat sie endgültig überzeugt." Bernd kam zurück auf die Terrasse. Sein Gesicht hatte einen leichten Sonnenbrand und leuchtete in der einbrechenden Dunkelheit. „Wir sollen etwas zum Grillen kaufen, sie bringen die Getränke mit. Kannst du dich erinnern, dass Jana jemals etwas mitgebracht hat? Das muss Saschas guter Einfluss sein." Er ließ sich so zufrieden in seinen Liegestuhl fallen, als wäre das alles sein Werk.

Greta zog die Decke, die sie gegen die Kühle des Abends geholt hatte, höher. Am liebsten hätte sie sich damit erstickt. Seit sie in ihrem Haus am Meer waren, hatte sie jeden langen Spaziergang damit verbracht, sich ausgiebig zu wünschen, dass Sascha keinen Urlaub bekam. Der mögliche Besuch der beiden Frauen machte sie zunehmend panisch. Wie sollte sie Bernd erklären, warum sie diese gemeinsame Woche nicht wollte? Sollte sie etwa sagen: Ich fürchte den Anblick von Saschas blonden Haaren im Licht der Sonne und träume davon, wie ihre Augen das unruhige Meer reflektieren? Sollte sie ihm vielleicht erzählen, dass Träume wie diese ihre Jugend begleitet hatten? Und dass es sie damals fast das Leben gekostet hatte, sie zu verdrängen? Sie hatte es schon mit der ersten Ahnung in Janas Kindheit für eine außerordentlich böse Ironie des Schicksals gehalten, dass ausgerechnet ihre Tochter eine Richtung einschlug, die sie selbst nicht hatte einschlagen können. Und sie hatte immer gewusst, dass es für sie nicht einfach werden würde, den Weg ihrer Tochter zu verfolgen und zu wissen, dass sie ihn selbst nicht zu gehen vermocht hatte. Aber wie hätte sie auch noch ahnen sollen, dass Jana sich ausgerechnet in jemanden wie Sascha Tamari verlieben würde? Und dass sie offensichtlich, was Frauen anging, genau den gleichen Geschmack hatten.

Jana und Sascha ließen in ihrem Kofferraum eine beeindruckende Zahl Weinflaschen sehen, als sie am späten Freitagabend Saschas Wagen ausräumten. Bernd schleppte gut gelaunt alles ins Haus, während die beiden ihre Reisetaschen ins Gästezimmer trugen. Greta war plötzlich sehr froh darüber, dass sie sich beim Ausbau des Hauses dazu entschlossen hatten, das Gästezimmer mit eigenem Bad im ersten Stock, weit entfernt vom eigenen Schlafzimmer, unterzubringen. Sie kümmerte sich mit großem Aufwand um den Grill und die Salate und war noch in der Küche, als die anderen drei schon gemütlich auf der Terrasse saßen. Jana hatte sie zur Begrüßung flüchtig geküsst und Sascha hatte ihr aus der Ferne fröhlich zugewinkt. Schön, dass es allen gut ging. Sie schnitt eine Gurke böse in mikroskopisch kleine Teile, bis Bernd neben ihr erschien und scherzhaft sagte: „Wenn du sie pürierst, geht es schneller und die Teile sind noch kleiner."

Greta sah auf den Berg winziger Gurkenschnipsel und musste über sich lachen. Verzweiflung, dachte sie und trug den Salat nach draußen.

„Da komme ich mit!" Jana schlug ihrem Vater auf die Schulter und der lachte sie begeistert an. „Wirklich? Sie auch, Sascha?"

Greta kam gerade aus der Küche zurück, wo sie die Reste des Grillabends im Abfall verstaut hatte, und hatte den Beginn des Gesprächs verpasst. „Wer kommt mit, wohin?" Der Abend war so nett und unspektakulär verlaufen, dass sie sich einigermaßen entspannt fühlte. Ihre innere Alarmstimmung war einer vorsichtigen Wachsamkeit gewichen, die sich nicht einmal unangenehm anfühlte. Vielleicht hatte sie sich wirklich einfach auch nur an das Liebesleben ihrer Tochter gewöhnen müssen und alles andere waren ein paar jugendliche Fantasien, die sie lange hinter sich gelassen hatte. Vielleicht war die Art, wie Sascha Tamari sich die Haare aus dem Gesicht strich, kein graziöser Tanz ohne Musik.

Jana sammelte die letzten Teller ein und antwortete: „Papa will morgen früh mit einem der Krabbenkutter rausfahren und ich würde gerne mitkommen. Sascha scheint da eher unschlüssig zu sein." Sie fuhr ihrer Freundin durch die dichten blonden Haare, die danach noch ein wenig besser lagen als vorher. Greta überlegte, was man wohl tun musste, um diese Haare richtig zu zerwühlen.

„Ich werde leider schon beim Anblick von Donauwellen seekrank und würde ehrlich gesagt auch gerne ausschlafen. Eine Bootsfahrt um fünf Uhr früh müsste also ohne mich stattfinden. Ist das okay für dich?" Sascha strich Jana liebevoll über die Hand.

„Natürlich! Das wird der ultimative Tochter-Vater-Ausflug. Bleib du einfach liegen morgen früh. Mutti zeigt dir bestimmt, wo du die Frühstückssachen findest. Vielleicht lässt sie dir sogar etwas von ihrem Kaffee übrig. Und morgen Abend essen wir alle zusammen einen extrem frischen Krabbensalat. Ist das für dich auch in Ordnung, wenn du morgen mit Sascha alleine bist?" Jana wandte sich Greta zu, die vollkommen erstarrt im Türrahmen stand. Die Situation hatte sich so schnell entwickelt, dass ihr keine Zeit blieb, um zu überlegen. Ihre Entspannung verwandelte sich innerhalb von Sekunden wieder in helle Panik. Soviel zu den vergessenen, jugendlichen Fantasien.

„Natürlich", sagte sie, um nicht weiter aufzufallen, und beschloss, sich am nächsten Morgen in ihrem Schlafzimmer einzuschließen und einen Schrank vor die Tür zu schieben.

Greta erwachte, als Bernd sich um vier Uhr auf den Weg machte, und lauschte dem schlecht unterdrückten Kichern ihres Mannes und ihrer Tochter, die bemüht leise ihr Gummizeug zusammensuchten. Als sie die Tür hinter sich zugezogen hatten, wurde es wieder ganz still im Haus. Nicht einmal eine Uhr tickte, nur der Wind strich sanft über die Dachpfannen. Sie wickelte sich ganz eng in ihre Bettdecke, als könnte die sie vor sich selbst beschützen. Sie schaute in der Dunkelheit nach oben zur Zimmerdecke und ihr Brustkorb wurde enger. Wenige Meter über ihr lag die schlafende Sascha Tamari allein in einer schwarzen Satinbettwäsche, die sie eigenhändig vor zwei Tagen aufgezogen hatte. Sie hatte lange überlegt, welcher Bezug wohl am besten zu den langen blonden Haaren passen würde, und sich schließlich für die dunkle, seidige Farbe entschieden. Am liebsten hätte sie noch frische Blumen neben das Bett gestellt, aber das hatte sie sich verboten. Ich muss wieder einschlafen, dachte sie, ich muss sofort wieder einschlafen. Sie drückte die Augen fest aufeinander und hatte das Gefühl, dass ihr Herzschlag das ganze Haus zum Beben brachte.

Um sieben erhob sie sich mit einem pochenden Kopfschmerz und dem Gefühl, kein Auge mehr zugetan zu haben. Ihre Augen hatten dunkle Ränder und sie sah müde aus. Das ist gut, dachte sie, als sie die Kaffeemaschine mit Wasser füllte, das erspart mir, eine Ausrede zu erfinden.

„Frühaufsteher?“ Sascha lehnte in der Tür. Sie war barfuß, trug eine Jeans und ein verwaschenes T-Shirt. Greta goss einen großen Schwung Wasser neben die Maschine und fluchte laut.

„Habe ich dich erschreckt? Das tut mir leid, Ich dachte du hättest mich gehört.“ Sascha half ihr, mit einem Küchentuch das Wasser auf der Anrichte unter Kontrolle zu bekommen. Greta sah sie nicht an und atmete bewusst flach, um den Duft des vertrauten Parfüms nicht mit jedem Atemzug einzuziehen. „Du hast mich nicht erschreckt. Ich habe heute keinen so guten Morgen. Schlimme Kopfschmerzen, ich werde gleich einfach eine Tablette nehmen und mich wieder hinlegen.“

Sascha sah sie mitleidig an. „Das ist schade. Und das bei diesem wundervollen Wetter. Ich wollte eigentlich länger schlafen, aber der Himmel sah so wundervoll aus, dass ich gehofft hatte, du hättest Lust auf einen Spaziergang mit mir. Ich könnte dir ein wenig den Nacken massieren, bei Jana hilft das immer.“

Gretas Leisten zuckten synchron und sie fuhr ärgerlich herum. „Ich glaube kaum, dass das bei mir Wirkung zeigt." Sie warf das nasse Küchentuch in den Abfalleimer und wollte die Küche verlassen.

„Habe ich was falsch gemacht?" Sascha sah sie verwirrt an. Sie sah entwaffnend jung und verletzlich aus und Greta fiel erst jetzt auf, dass sie ungeschminkt war. Sie hätte sich für ihr Verhalten ohrfeigen können.

„Tut mir leid. Du hast nichts falsch gemacht. Ich bin heute mit dem falschen Bein aufgestanden. Vielleicht würde mir etwas frische Luft wirklich gut tun." Sie sah Sascha entschuldigend an.

Sascha strahlte. „Dann suche ich mir jetzt ein paar Sandalen und wir versuchen das mit dem Sauerstoff."

Sie gingen eine Weile schweigend durch die morgendlichen Wiesen. Sascha streifte ab und zu die hohen Gräser mit der Hand. An einem großen Kornfeld zupfte sie einen leuchtend roten Klatschmohn aus der Erde und reichte ihn Greta. Die nahm ihn wortlos und beide lachten sich kurz an.

„Ich muss zugeben, dass es mir viel besser geht", sagte Greta, als sie den Strand erreichten.

„Das ist schön." Sascha schien in Gedanken versunken und Greta stellte fest, dass sie traurig aussah.

„Dir scheint die Seeluft aber nicht sehr gut zu bekommen." Greta stieß mit ihrer Schulter vorsichtig an Saschas. Die überlegte kurz und sagte dann: "Würde es dich sehr schockieren zu erfahren, dass Jana mich betrügt?"

Greta blieb stehen, als hätte sie der Schlag getroffen, und starrte Sascha ungläubig an. „Das ist nicht dein Ernst?"

„Ich fürchte schon." Sascha ließ sich rücklings in eine Düne fallen und setzte sich dann im Schneidersitz in den Sand. „Ich weiß es auch erst seit letzter Woche und sie weiß nicht, dass ich es weiß. Unsere Beziehung lief allerdings schon länger nicht mehr gut."

Greta sank neben Sascha in den Sand und legte ohne jeden Hintergedanken ihren Arm um die jüngere Frau. „Bist du denn sicher?"

Die Berührung schien Saschas letzte Barrieren zu lösen, sie lehnte ihren Kopf an Gretas Schulter und die Worte stürzten aus ihrem schönen Mund.

„Leider ja. Ich weiß nicht einmal genau, warum ich noch mitgekommen bin. Vielleicht, weil ich hoffte, dass hier alles wieder gut wird. Aber hier fühle ich noch deutlicher, dass sie sich verändert hat, dass sie gar keine Zeit mehr mit mir allein verbringen will. Ist ja nicht so, als ob ich das alles nicht verstehe. Sie ist dreiundzwanzig Jahre alt, sie wird noch einiges ausprobieren. Wir sind eben an unterschiedlichen Punkten in unserem Leben und das wollte ich im letzten Jahr einfach nicht sehen. Aber jetzt sehe ich es sehr klar!"

„Was heißt das?" Greta fühlte eine unangenehme Kälte aufziehen, die nichts mit dem warmen Frühlingstag zu tun hatte.

„Das heißt, dass ich mit ihr reden werde, wenn wir wieder zu Hause sind. Und dass ich sie verlassen werde, damit sie tun kann, was sie tun will, und ich aufhören kann zu leiden. Das berühmte Ende mit Schrecken." Sascha hob ihren Kopf ein wenig und sie sahen sich aus nächster Nähe an.

Warum musste ausgerechnet meine Tochter dich kennenlernen und wie kann sie dir weh tun, dachte Greta verzweifelt und löste sich schnell wieder aus dem tiefen Blickkontakt. In ihrem Inneren war es dunkel geworden. Lauter wirre Gedanken wirbelten in ihr herum wie sterbende Blätter, die ein letzter Herbststurm durch einen kahlen Wald trieb. Sie geht weg, schrie ein schwarzer Krähenschwarm, der über den Horizont nach Süden zog.

„Und was wird dann aus uns?" Greta stellte die Frage, weil sie zu mächtig war, um sie nicht auszusprechen. Ihr Herz ballte sich mitten im Satz zu einer ängstlichen Faust und schlug immer und immer wieder auf ihren Magen ein. Sie suchte Saschas Blick. Sascha sah nicht überrascht oder schockiert aus. In ihren Augen spiegelten sich der Himmel und das Meer so unendlich, wie Greta es sich vorgestellt hatte.

„Ich muss zugeben, ich bin auch deshalb hierher gekommen, um diese Frage zu beantworten."

Ihre Worte legten sich mit dem Wind über das schmale Dünengras, das sich unter der Last dieses Geständnisses beugte. Greta wurde es schwindelig vor Glück und Angst und sie wäre am liebsten mit dem Wind durch die Gräser gefahren, hätte den Sand verwirbelt und wäre schreiend aufs Meer hinausgestürmt.

Sie blieben fast eine Stunde dicht nebeneinander sitzen und sagten kein weiteres Wort. Sie hatten durch ihr Gespräch einen tiefen Graben im Sprung genommen und wussten beide nicht, was sie im unübersichtlichen Neuland auf der anderen Seite tun sollten. Greta verschloss die wunderbare Tatsache, dass es da etwas zwischen ihr und Sascha gab, schließlich tief in sich und sammelte alle Kraft, die ihr noch verblieben war. Sie stand auf, zog Sascha mit beiden Händen nach oben und sagte gefasst: „Lass uns zurückgehen. Es gibt doch gar nichts, das wir tun können. Jana ist zwölf Jahre jünger als du, ich bin zehn Jahre älter und verheiratet. Mag sein, dass wir uns irgendwie nett finden, aber wir beide sind auch an vollkommen unterschiedlichen Punkten in unserem Leben. Selbst für eine Freundschaft würde das schwierig werden."

Sascha fixierte einen unsichtbaren Punkt auf den Wellen. Nett finden, dachte sie. Ich habe in meinem Leben noch keine Frau wie dich getroffen und wenn du nicht Janas Mutter wärst, dann würde ich dieses Meer für dich durchschwimmen. Aber sie sagte leise: „Natürlich." Die schwierigen letzten Wochen mit Jana und ihre Enttäuschung über den Betrug hatten ihr jeden Kampfgeist genommen.

Sie verbrachten den Rest des Tages getrennt und als am Abend die erfolgreichen Krabbenfischer zurückkehrten, flüchteten sie beide bereitwillig in die gute Laune von Vater und Tochter.

Jetzt, da Greta über die Schwierigkeiten in der Beziehung ihrer Tochter wusste, sah sie die Zeichen in den folgenden Tagen deutlich. Janas Umgang mit Sascha war flüchtiger geworden und die Liebe in ihrem Blick war einem unruhigen Wohlwollen gewichen. Zu viert blieb die Stimmung angenehm und Greta merkte, dass Jana es auch deshalb geschickt vermied, mit Sascha zu lange allein zu sein. Manchmal verfingen sich Saschas und Gretas Blicke für einen Moment ineinander und das Glücksgefühl, das sie dabei durchströmte, machte sie schwindelig. Sie einfach nur in der Nähe zu wissen, war so schön und aufregend, dass es Greta an jedem Tag neu überraschte und verunsicherte. Also wich auch Greta Sascha unauffällig aus und flüchtete sich nachts in Träume, aus denen sie verwirrt erwachte.

Gegen Ende der Woche, nach einem letzten, gemeinsamen Abend im Hafenrestaurant, lenkte Jana das neue Auto ihres weinseligen Vaters die kurvige Straße am Meer entlang und er erklärte ihr vom Beifahrersitz die unzähligen Funktionen der teuren Limousine. Greta saß zum ersten Mal mit Sascha im geräumigen Fond und war froh, nicht sprechen zu müssen. Ihre gemeinsame Zeit würde bald für immer zu Ende gehen, das wusste sie und es machte sie unendlich traurig. Sie sah aus dem Fenster. Das nächtliche Meer zog an der Scheibe vorbei und manchmal schaukelte in der Ferne ein kleines Licht am Horizont dahin. Es war angenehm dunkel im Wagen und Saschas Nähe in diesem fahrenden Kokon berauschte sie. Ihre Hand lag dicht neben Saschas Hand auf dem Rücksitz und sie wusste, es würde ihren kleinen Finger nur eine winzige Bewegung kosten, diese andere Hand zu berühren. Im Radio begann ein Lied, das sie kannte und das sie immer ein wenig melancholisch stimmte, auch wenn sie kein Wort vom serbischen Text verstand. Sie schaute auf die hellen Symbole und Zahlen im Armaturenbrett und summte die Melodie leise mit. Einmal, dachte sie, nur ein einziges Mal. Dann streckte sich ihr kleiner Finger wie von selbst der warmen Haut entgegen, die so nah neben ihm ruhte, und fuhr ganz sanft über den Rand der fremden Hand. Sascha zuckte mit keiner Wimper und sah auch nicht zu Greta hinüber. Zwei tiefe Atemzüge lang blieb sie ganz ruhig sitzen, dann rückte ihre Hand dem Streicheln vorsichtig entgegen. Beide Frauen sahen nach rechts und links ruhig in die Nacht, während die Berührung ihrer Hände wie Funken durch ihre Nervenbahnen schoss. Nach einer kurzen Unendlichkeit schlossen sich Saschas Finger warm um Gretas und aus dem Streicheln wurde ein fester Bund. So fuhren sie wortlos und Hand in Hand durch die Nacht. Ohne ein Wort lösten sie ihre Hände kurz vor dem Haus und stiegen nach der Ankunft zu verschiedenen Seiten aus. Bernd und Jana hatten während der Fahrt offensichtlich beschlossen, in der Frühe noch einmal am Fischmarkt vorbeizufahren, um etwas frischen Fisch mit in die Stadt zu nehmen.

„Ihr beide könnt euch ja ums Frühstück kümmern. Wir gehen auch noch kurz ans Meer und kommen dann mit Brötchen zurück. Dann können wir später alle zusammen zurückfahren." Bernd genoss die Zeit mit seiner Tochter so sehr, dass ihm alles andere glücklicherweise entging. Sascha und Greta sahen sich an. „Wir beide sind also allein für das Frühstück zuständig", sagte Greta und wusste, dass es nur ein einziges Wort gab, das in diesem Satz wichtig war, und dass Sascha es verstand. Sie packte am Abend schon einmal ein paar Sachen in den großen Koffer, um sich zu beschäftigen, und das allgemeine Gefühl von Abschied, das den Abend umgab, übertönte fast den gewaltigen Aufruhr in ihr. Wie hatte sie das tun können? War sie denn vollständig verrückt geworden? Ihre Hand schien sich eigenständig an Saschas Haut zu erinnern und prickelte. Die ganze restliche Nacht lang lag sie wach und sah sich Hand in Hand mit der Geliebten ihrer Tochter im Wagen sitzen. Sie schwankte zwischen Schuldgefühlen, Glück und tiefem Abschiedsschmerz. Gegen Morgen mischte sich noch ein viertes Gefühl in das anstrengende Trio. Erwartung.

Am nächsten Morgen tönte Bernds laute Stimme durchs Haus, als Greta noch unter der Dusche stand. „Was soll denn das heißen?“ Er klang wütend. Greta trocknete sich schnell ab, zog ihren Bademantel über und eilte in die Küche. Jana saß mit verheulten Augen vor einem Kaffee und Bernd ging in der Küche auf und ab. Sascha war nirgendwo zu sehen. Gretas ganze Haut begann zu spannen, als wäre sie für den Körper zu klein geworden.

„Was ist denn hier los?“

Bernd hielt kurz inne und deutete dann auf Jana. „Deine Tochter hat wohl vor einiger Zeit beschlossen, dass andere Mütter auch schöne Töchter haben. Also hat sie ein Verhältnis mit einer Kommilitonin angefangen und das ist irgendwie heute Nacht rausgekommen. Und jetzt ist unser lesbischer Don Juan hier wieder solo und Sascha ist weg.“

Greta durchfuhr ein heißer Schmerz. „Was heißt das, sie ist weg?“

„Sie haben sich getrennt. Hier in diesem Haus, nach nicht einmal einem Jahr. Sascha ist heute Morgen ganz früh zurück in die Stadt gefahren und hat uns diese Herzensbrecherin zum Transport hiergelassen.“ Bernd hatte wieder begonnen, auf und ab zu gehen. Sein Verständnis für das Liebesleben seiner Tochter hatte Promiskuität ganz offensichtlich nicht einkalkuliert.

„Kannst du dich nicht mal hinsetzen?“ Greta machte sein Verhalten aggressiv. Am liebsten hätte sie ihn auf einen Stuhl gedrückt. Jana duckte sich unter dem Ton ihrer Stimme. „Mutti, ich habe mich einfach verliebt. Das kann doch passieren.“

„Ach ja, kann es das? Wann ist die Gartenparty? Und lass mich raten … sie ist die Liebe deines Lebens.“ Ihr Ton troff vor Sarkasmus und sie wusste, dass sie ungerecht war. Jana begann wieder zu weinen, aber Greta war das vollkommen egal. Sie verließ den Raum und schloss sich im Badezimmer ein. Dort stellte sie sich wieder unter die Dusche und ließ die Tränen zusammen mit dem warmen Wasser ihre Wangen hinabrinnen.

Es war, als ob Janas und Saschas Trennung alles durcheinandergebracht hatte. Bernd weigerte sich, die neue Freundin kennenzulernen, und aus Janas sexueller Orientierung wurde für ihn wieder ein Lebensstil, der Treue nicht vorsah und den er nicht verstand. Greta stritt sich abwechselnd mit ihm oder mit Jana und vermisste Sascha schrecklich. Sie flüchtete sich in eine Reihe von Kursen, die ihr alle nichts bedeuteten und die den tiefen Schmerz in ihr nicht zu lindern vermochten. Sascha hatte etwas in ihr freigesetzt, das sich nicht so leicht wieder einsperren ließ, und wenn sie ehrlich war, wollte sie das auch gar nicht mehr. Sie sah ihre Ehe und ihr Leben in einem neuen Licht, das, weil es so hell war, die vielen öden Flecken grausam ausleuchtete. Sie fühlte, wie ihr Widerstand gegen das übermächtige Gefühl für Sascha mit jedem kürzer werdenden Tag schwächer wurde.

Es war schon fast wieder Herbst, als sie an einem Sonntagnachmittag im Ferienhaus entdeckte, dass Janas Handy nicht wie üblich neben ihr auf dem Liegestuhl im Garten, sondern allein auf dem Küchentisch lag. Sie warf einen schnellen Blick in den Garten. Jana war in der Sonne eingeschlafen, ihr linker Arm hing schlaff von der Liege herab. Als ob sie es tausend Mal geübt hätte, nahm Greta das Handy, entsperrte es mit Janas Passwort und suchte in den Kontakten nach Saschas Nummer. Sie schrieb sich die Zahlenkombination schnell auf einen Zettel und legte das Handy wieder zurück auf den Tisch. Ich muss sie doch wenigstens fragen, wie es ihr geht, dachte sie und trug den Zettel in ihr Schlafzimmer, als wäre er aus Glas. Zum ersten Mal seit Monaten fühlte sie sich wieder lebendig. Jana fuhr am nächsten Morgen zurück in die Stadt und versprach, am Abend noch bei ihrem Vater vorbeizuschauen, der erst am nächsten Wochenende ans Meer kommen würde.

Wie geht es dir, tippte Greta gegen Mittag vorsichtig in die Tastatur und schrieb noch ihren Namen dazu. Sie hatte die ganze Nacht überlegt, was sie schreiben sollte und war zu dem Ergebnis gekommen, dass diese simple Frage interessiert klang und trotzdem nichts über die riesige Lücke in ihrem Leben verriet. Dann ging sie ans Meer, weil sie das Handy nicht anstarren wollte. Sie setzte sich an die Stelle, an der sie mit Sascha gesessen hatte, und strich zärtlich durch das Gras, wie sie es jetzt immer tat wenn sie an dieser Düne saß.

Als sie nach einer Stunde ins Haus zurückkam, sah sie mit klopfendem Herzen, dass Sascha in ihrer Abwesenheit vier Mal angerufen hatte. Greta drückte das Handy an ihre Wange. Damit hatte sie gar nicht gerechnet. Sie wählte die Nummer und räusperte sich als hätte sie einen ganzen Froschteich im Hals.

„Greta?" Saschas Stimme klang wie klares, kaltes Wasser an einem heißen Tag. Greta hätte sich am liebsten unter diese Stimme gestellt und sich mit ihrem Klang übergossen.

„Ja", brachte sie schließlich hervor.

„Das ist so wunderbar, von dir zu hören. Wie geht es dir?"

„Das ist doch meine Frage!" Greta fühlte sich leicht. „Die kannst du nicht stehlen."

„Kann ich sie leihen?" Auch Sascha klang jetzt leichter als beim ersten Wort.

„Leihen geht, aber du musst sie mir zurückbringen." Sie lächelten jetzt beide ins Leere.

„Wann?" Sascha ließ sich von der Stimmung des Augenblicks mitreißen und ignorierte alles, was sie sich in den letzten Monaten vorgenommen hatte.

„Jederzeit, ich bin am Meer und habe den Rest der Familie in der Stadt zurückgelassen." Greta wusste, was sie anbot, und konnte es nicht verhindern.

„Morgen Abend? Ich könnte ein paar Tage Ruhe gebrauchen."

Dann solltest du nicht in meine Nähe kommen, dachte Greta und sagte: „Morgen Abend. Ich freue mich. Ruf an, wenn du in der Nähe bist, ich mache uns dann was zu essen."

Dieses Mal bezog sie das Gästebett in einem dunklen Blau und pflückte im Garten einen Strauß Sommerblumen, die sie auf den Nachttisch stellte.

Als Saschas Wagen vor dem Haus hielt, fühlte sie sich wie ein Kind, das am heiligen Abend dem Weihnachtsmann entgegenrennen wollte. Sie zwang sich, ganz langsam aus dem Haus zu gehen. Sascha stieg aus und blieb neben ihrem Wagen stehen. Sie war offensichtlich direkt nach der Arbeit losgefahren, der schicke Anzug, den sie trug, ließ daran keine Zweifel. Sie standen unschlüssig voreinander, dann nahm Greta Sascha in den Arm und drückte sie fest an sich. „Schön, dass du da bist. Komm rein." Der kurze Kontakt ihrer Körper elektrisierte Greta, sie ließ die jüngere Frau schnell wieder los und ging ins Haus.

Sascha folgte ihr und lud ihre Sachen im Gästezimmer ab. „Die sind ja wunderschön. Sind die für mich?" Sie sog den Duft der Blumen ein und sah Greta an.

„Ja, die sind für dich."

„Vielen Dank." Sascha sah sich im Raum um und Greta konnte sehen, wie sich ihre Miene veränderte. „Ich muss zugeben, ich habe keine sehr guten Erinnerungen an dieses Zimmer."

In der Küche klingelte Gretas Handy und sie schreckte auf. „Das ist bestimmt Bernd. Moment." Sie eilte aus dem Zimmer. Bernd klang gestresst und müde und Greta fiel es schwer, ihn aufzumuntern. „Bei dir alles in Ordnung?", fragte er zum Schluss des kurzen Gesprächs.

Sie sah Sascha an, die sich umgezogen hatte und gerade die Küche betrat. „Alles bestens!"

Nachdem sie aufgelegt hatte, sagte Sascha: „Du hast ihm und Jana nicht gesagt, dass ich hier bin."

„Nein, warum sollte ich? Ich brauche doch keine Erlaubnis, um mit der Exfreundin meiner Tochter befreundet zu sein, oder?"

„Dafür sicher nicht." Sascha lachte sie verwegen an. Greta merkte immer stärker, wie sehr ihr der Blick in diese Augen gefehlt hatte.

Der Abend war ruhig und aufgeladen zugleich. Es war, als ob beide Frauen eine unsichtbare Grenze respektierten, die sie nicht überschritten. Sie setzten sich in gebührendem Abstand voneinander an den Tisch und tauschten sich beim Essen über die letzten Monate aus.

„Hast du denn wieder jemanden kennengelernt?" Greta stellte die Frage, vor der sie sich am meisten gefürchtet hatte, erst, als sie lange nach dem Essen nebeneinander in der Hollywoodschaukel saßen, die Bernd erst kürzlich gegen Gretas Willen angeschleppt hatte. Jetzt fand sie das große Möbel plötzlich romantisch. Und praktisch.

Sascha suchte Gretas Blick und sah sie ernst an. „Nein. Das könnte ich gar nicht. Ich bin ja immer noch verliebt, das geht bei mir nicht so schnell. Es gibt nach wie vor nur eine, für die ich mich wirklich interessiere."

Greta zog die Füße ruckartig unter den Körper. Natürlich, Sascha war noch verliebt in ihre Tochter, das hatte sie fast vergessen. Sie versuchte regelmäßig zu atmen. „Es tut mir leid, dass Jana dich so verletzt hat und ich hoffe, du kommst bald über sie hinweg."

Sascha sah sie mit einem Blick, der keinen Zweifel ließ, an und sagte: „Ich habe nicht von Jana gesprochen, das weißt du doch, oder?"

Greta hatte sich oft gefragt, wie es sich wohl anfühlte, so dicht an dieser Grenze zu stehen, und es hatte ihr immer Angst gemacht. Jetzt war das anders. Sascha stand auf der anderen Seite und sie wusste, dass der schöne Mund, von dem sie nicht nur nachts träumte, der einzige Platz auf der Welt war, an dem sie sicher sein würde. Sie neigte sich ein wenig vor und hielt dann inne. „Küsst du mich?", fragte sie sanft. Sascha überbrückte die letzten Zentimeter zwischen ihnen und ließ ihren Mund über Gretas Gesicht und ihren Hals streichen. Greta erwiderte die Küsse und war überwältigt, wie weich Saschas Haut sich unter ihren Lippen anfühlte. Sie küssten sich eine sehr lange Zeit, ohne den Mund der anderen zu berühren. Greta fühlte eine Erregung, die sie so nicht kannte. Es konnte sein, dass es ihr morgen leidtun würde, aber heute Nacht musste sie wissen, wie sich dieser Körper unter ihren Händen anfühlen würde. Bevor Saschas Küsse ihren Mund erreichten, zog sie sie hoch und ging ihr voraus ins Haus. Dort stand sie unschlüssig im Wohnzimmer und zog Saschas Hand für einen spöttisch galanten Kuss an ihren Mund. „Das Bett, in dem ich mit Bernd schlafe, oder das Bett, in dem du mit Jana geschlafen hast?"

Sascha war es nicht nach Scherzen zu Mute. „Ich habe dort nicht mit Jana geschlafen. Das hätte ich nicht gekonnt damals. Lass uns doch einfach hier unten bleiben."

Sie suchten ein paar weiche Decken und Kissen zusammen und setzten sich wie am Meer dicht nebeneinander vor den Kamin, in dem ein trockener Holzstapel seit dem letzten Frühjahr auf seinen Einsatz wartete. Greta zerknüllte Papier, zündete es an und ließ es auf das Holz fallen, das bereitwillig Feuer fing. Wie ich, dachte sie und lehnte sich an Sascha. Dieses Mal trafen sich ihre Lippen ohne jedes Zögern und Greta öffnete sehnsüchtig ihren Mund, um Saschas Zunge an ihrer zu spüren. Das Gefühl, das ihren ganzen Körper erfüllte, übertraf alles, was sie zu träumen gewagt hatte, und sie konnte nicht genug davon bekommen. Alles wurde weich und feucht. „Ich war von Anfang an völlig verrückt nach dir", flüsterte sie in Saschas Ohr, die wohlig erschauderte. Greta schob ihre Hände unter Saschas Hemd und verlor sich in der seidigen Vielfalt. Saschas Hände verwandelten ihren Körper gleichzeitig in ein Feld, über das Gänsehaut nach Gänsehaut wie warme Regenschauer strichen. Sie küssten, bissen und berührten sich, bis es hell wurde und Greta bemerkte erst, dass sie noch bekleidet waren, als sie erschöpft und glücklich auf Saschas Schulter einschlief.

Sie erwachte am späten Morgen, weil ihr der Nacken schmerzte, und sah verwundert auf die Fülle an blondem Haar, in der sie geschlafen hatte. Ihr Herz begann wieder wild zu schlagen, die letzte Nacht war kein Traum gewesen. Sie merkte, dass sie glücklich lächelte. Dieses lustvolle Schweben zwischen dem Wunsch, Sascha langsam auszuziehen, und dem Bedürfnis, für Stunden unter ihrer Kleidung nach der verborgenen Haut zu tasten, diese wilde Ruhe, die nicht das schnelle Ende suchte, war für Greta eine neue Erfahrung gewesen. Sascha schlief tief und fest und Greta wusste, sie würde nie genug von diesem Anblick bekommen. Eine Frau, diese eine Frau schlafend in den Armen zu halten, war ein unfassbares Geschenk, das sie nicht mehr hergeben konnte. Sie atmete Saschas Geruch ein und vergrub ihr Gesicht in Saschas weichem Hals. „Du Wunder“, flüsterte sie fast unhörbar und leckte langsam über die warme Haut. Sascha wandte sich ihr mit einem kleinen Seufzer zu und küsste sie leidenschaftlich mit geschlossenen Augen. Die warme, feuchte Zunge wieder forschend in ihrem Mund war alles, was Greta Körper brauchte, um feurig zu erwachen. Sie stöhnte auf, ohne es zu wollen. Sascha öffnete die Augen, in denen das gleiche Feuer brannte, und zog Greta, ohne sie aus den Augen zu lassen, ganz langsam das T-Shirt aus. Greta sah unruhig zu, wie sich auch Sascha ihr Shirt über den Kopf zog.

„Guten Morgen du weicher Traum“, flüsterte Sascha an Gretas Mund und legte sich vorsichtig auf sie. Greta dehnte sich ihr sehnsüchtig entgegen und als sich ihre nackte Haut berührte, bekam ihre Erregung eine Richtung, die sich nicht mehr leugnen ließ. „Gibt es etwas, das ich vor dem ersten Mal wissen sollte?“, fragte sie halb scherzhaft und halb ernst, während sie ihre Finger suchend unter den Rand von Saschas Slip schob.

„Du solltest wissen, dass ich dich mehr will als alles andere auf der Welt“, flüsterte Sascha mit vor Erregung rauer Stimme und dann überließen sie sich ganz einer weitgehend wortlosen Leidenschaft. Gegen Mittag schliefen sie eng ineinandergerollt wieder ein.

„Das ist interessant!“, hörte Greta die Stimme ihrer Tochter laut und böse in ihrem Traum. Sie schreckte hoch und sah verschlafen zur Tür. Sascha drehte sich murmelnd auf die andere Seite.

„Und es erklärt einiges!“ Jana, ihre Tochter Jana, stand wirklich in der Tür und ihre Worte zerschnitten die Stille. Mutter und Tochter sahen sich einen Augenblick gleichermaßen erschreckt an, dann drehte Jana sich um und lief aus dem Zimmer. Greta suchte ihre Sachen zusammen, zog sie schnell über und folgte ihr hektisch und ohne Schuhe bis auf die Straße, wo ihre Tochter weinend mit einem Autoschlüssel hantierte und ihn nicht in das Schloss bekam. „Jana, bitte, lass mich erklären." Sie legte die Hand auf den Arm ihrer Tochter.

Jana schüttelte die Hand angewidert ab. „Was willst du mir erklären? Warum du mit meiner Exfreundin schläfst? Warum du Papa betrügst und mir Vorträge über Treue hältst. Warum du plötzlich eine verdammte Lesbe bist?"

Greta fühlte die Worte wie Schläge und wich getroffen zurück.

„Jana, bitte, hör ihr zu. Es ist nicht wie du denkst!" Sascha erschien in der Tür.

„Du hältst besser ganz den Mund. Du Heuchlerin! Wie lange hast du denn meiner Mutter nachgestellt, bis du sie herumgekriegt hast?"

Greta fiel in dem ganzen Tumult schmerzlich auf, wie ähnlich sich Vater und Tochter waren, wenn man sie verletzte. Sie stellte sich unbewusst schützend vor Sascha. „Jana, sei nicht albern. Sascha hat mir nicht nachgestellt. Ich habe sie gestern angerufen und eingeladen. Der Rest hat sich ergeben. Lass uns das doch bitte im Haus besprechen."

„Der Rest hat sich ergeben?" Jana spuckte jedes Wort einzeln in die Luft. „Du hattest sie also gleich in der ersten Nacht im Bett? Oder besser gesagt, du hattest sie vor dem Kamin. Ich muss den Hut vor dir ziehen, bei mir hat sie sich monatelang geziert. Und das ist übrigens Saschas T-Shirt, das du da trägst, Mutti!" Sie hatte es endlich geschafft, den Wagen zu öffnen, und stieg ohne ein weiteres Wort ein. Sascha und Greta sahen hilflos zu, wie sie mit wütend durchdrehenden Reifen das Grundstück verließ.

Sascha griff nach Gretas Hand, die sich vollkommen kalt und leblos anfühlte. „Was machen wir jetzt?" Greta sah die Frau an, die ihr die glücklichste Nacht ihres Lebens beschert hatte, und wusste, dass genau das passiert war, wovor sie sich immer gefürchtet hatte. Sie hatte ihren Traum gelebt und das Schicksal hatte sie sofort und hart dafür bestraft. Sie hätte es wissen müssen. Jetzt musste sie tun, was nötig war. „Ich weiß nicht was du machen wirst, ich werde mich jetzt bemühen, die Scherben aufzusammeln und meine Ehe und meine Familie zu retten." Ihr Satz klang hart und distanziert.

Sascha ließ ihre Hand los und sah sie an. „Tu das nicht, bitte!" Ihre Stimme klang flehend.

„Ich soll meine Ehe nicht retten?" Greta lachte bitter.

„Du sollst mich nicht so weit weg schieben. Tu was du tun musst, aber lass uns in Kontakt bleiben."

„Ich weiß nicht, ob das funktionieren wird. Ich weiß nicht einmal, ob ich das will." Greta hatte ihren Überlebensmodus eingeschaltet und funktionierte nur noch. Sie ging, ohne Sascha noch einmal anzusehen, in das obere Stockwerk und begann zu packen. Als sie wieder zurück ins Erdgeschoss kam, waren Sascha und alle ihre Sachen verschwunden. Die Decken, auf denen sie die Nacht verbracht hatten, lagen ordentlich gefaltet neben den Kissen auf dem Sofa. Greta schloss das Haus ab und ging zu ihrem Wagen. Unter ihrem Scheibenwischer steckten eine rote Rose aus dem Strauß, den sie für Sascha gepflückt hatte und ein kleiner Zettel.

Je ne regrette rien, stand da in einer schön geschwungenen Schrift.

Greta fürchtete auf der Rückfahrt, dass Jana in ihrer Wut genau wie ihr Vater nicht über ihr Handeln nachdenken, sondern den Schaden erst einmal immens vergrößern würde. Sie würde Bernd sofort anrufen, da war sich Greta sicher, und als sie vor ihrer Wohnung die Wagen von Vater und Tochter einträchtig nebeneinanderstehen sah, hatte sie die Bestätigung für ihre Vermutung. Schön zu sehen, dass es doch noch etwas gibt, für das er sein Büro außerplanmäßig verlässt, dachte sie bitter, als sie die Tür aufschloss. Ihr Mann und ihre Tochter saßen in der Küche und sahen sie beide anklagend an, als sie den Raum betrat. Bernd erhob sich nach einem kurzen Augenblick der Stille und baute sich drohend vor ihr auf. „Ist das wahr?"

„Ist was wahr? Ich habe keine Ahnung, was Jana dir erzählt hat oder was sie glaubt, gesehen zu haben." Greta ging an ihm vorbei, nahm sich betont ruhig ein Glas aus dem Schrank und goss sich etwas Wasser ein.

„Du schläfst mit Sascha!" Janas Stimme klang auf eine kindliche Art beleidigt und Greta musste gegen ihren Willen über diesen vertrauten Klang lächeln. Bernd sah das Lächeln und er schlug mit der Hand dicht neben ihrem Gesicht gegen den Küchenschrank. „Das findest du lustig? Du vögelst irgend so ein junges Ding, das deine Tochter angeschleppt hat, in meinem Ferienhaus und findest das in Ordnung? Wie lange machst du das denn schon?"

Seine unkontrollierte Brutalität erschreckte jetzt sogar Jana. Sie zog ihn am Arm zurück. „Papa!"

Aber Bernd war in seiner schwer gekränkten Männlichkeit nicht mehr aufzuhalten und machte sich heftig los. „Hast du sie angesteckt, Jana oder wie läuft das? Bin ich der einzig Normale in dieser kranken Familie?"

Greta sah ihn an und begriff mit einem Mal, dass dies nicht der Ort war, an dem sie sein sollte, dass dies nicht der Mensch war, mit dem sie weiter leben wollte.

„Ich hätte es dir gerne in Ruhe erklärt. So erwarte ich nicht, dass du mich verstehst", sagte sie beherrscht. „Ich verstehe vieles selbst noch nicht, aber ich werde dich verlassen. Mag sein, dass Sascha der Grund ist, vielleicht bin ich es aber auch einfach selbst."

Bernd holte aus und seine Hand schwebte einen Augenblick drohend vor dem Gesicht seiner Frau, bevor er sie mit voller Wucht auf den Küchentisch schlug. Jana schrie erschreckt auf und warf sich zwischen ihre Eltern. „Papa!" Bernd spuckte verächtlich auf den Boden, bevor er seinen Autoschlüssel nahm und sagte: „Ich werde mir einen Anwalt nehmen und dann werden wir sehen, was von deinem Leben übrigbleibt. Ich hoffe, sie kann dich ernähren." Gretas Wange schmerzte, ohne dass Bernds Hand sie getroffen hatte, und sie konnte nicht verhindern, dass ihr Tränen aus den Augen rannen. Die Tür schlug heftig hinter Bernd ins Schloss. Jana stand vollkommen blass neben ihr Mutter und stammelte: „Es tut mir so leid, Mutti, das wollte ich nicht. Ich war so sauer, ich ..." Sie unterbrach sich und begann zu schluchzen. Greta zog sie in die Arme und sie weinten zusammen.

„Liebst du sie?", fragte Jana, als sich beide wieder ein wenig beruhigt hatten. Welche Ironie, dass Jana es hört, bevor Sascha es hören kann, dachte Greta und nickte. „Ja, ich liebe sie, mehr als ich es für möglich gehalten hätte. Kommst du damit klar?"

Jana nickte ergeben. „Das heißt dann wohl, dass ihr euch scheiden lasst, du und Papa?"

„Ich denke, das heißt es in jedem Fall mit und ohne Sascha in meinem Leben."

„Wie denkt sie denn darüber?" Jana sah ihre Mutter unsicher an.

„Das weiß ich nicht. Ich bin nicht dazugekommen, sie zu fragen."

„Dann solltest du das aber schleunigst tun." Jana war, wie ihr Vater, eher praktisch veranlagt.

Greta hatte so oft auf die Wahlwiederholung gedrückt, dass ihr der Daumen wehtat, aber alles, was sie zu hören bekam, war die elektronische Ansage, dass der gewünschte Teilnehmer nicht erreichbar war. Sie konnte Sascha sehr gut verstehen, warum sollte sie nach Gretas verletzenden Worten vor dem Ferienhaus ihren Anruf entgegennehmen wollen. Sie muss doch denken, dass sie mir nicht wichtig genug ist, dachte sie, während sie Janas Beschreibung zu Saschas Wohnung folgte, und dieser Gedanke schmerzte sie mehr als die ganze Auseinandersetzung mit Bernd.

Saschas Wagen stand vor dem Haus und Greta klingelte mehrmals heftig an der Tür des schicken Altbaus. Als der Türsummer ertönte, hätte sie vor Erleichterung fast zu weinen begonnen. Sascha stand in der Tür und schaute zu, wie sie die Treppe hinaufstieg. Ihre blonden Haare waren zu einem strengen Zopf gebunden und ihre Augen sahen müde und verweint aus. „Habe ich etwas von dir mitgenommen?“ Ihr Tonfall zog demonstrativ eine klare Grenze.

Greta wollte die einzige Chance, die sie an diesem Tag noch hatte, etwas richtig zu machen, nicht verpassen und ignorierte Saschas Ablehnung einfach.

„Ja, das hast du. Du hast meine Zukunft mitgenommen! Und mein Herz!“, sagte sie und ihr Tonfall überschritt Saschas Grenze mit sanfter Gewalt. Sie griff nach der Hand, deren Berührung sie immer noch auf ihrer Haut fühlen konnte, und presste sie gegen ihr wild klopfendes Herz. „Ich weiß nicht, ob es angemessen ist, dass ich das tue, oder ob du das tun müsstest. Ich weiß überhaupt nichts darüber, wie es ist, mit einer Frau leben zu wollen und ihr sagen zu müssen, dass man den schrecklichsten Fehler seines Lebens gemacht hat, als man sie gehen ließ.“ Sie schaute Sascha mit einem schüchternen Lächeln tief in die Augen. „Ich liebe dich, seit ich dich zum ersten Mal gesehen habe und ich möchte, dass du meine Frau wirst. Oder ich deine. Oder wie auch immer wir das machen werden.“

Sascha sah sie an und Greta konnte in ihren Augen nicht sehen, was sie dachte.

„Du bist ja total verrückt.“ Sascha lächelte. „Hast du dir das wirklich gut überlegt?“

„Nein, habe ich nicht.“ Greta strich Sascha zart durch das Gesicht, dem man aus der Nähe die Anstrengungen der letzten Stunden noch deutlicher ansah. „Ich konnte es gar nicht überlegen. Ich habe alles in meinem Leben immer erst getan, nachdem ich es gründlich überdacht hatte, und es hat mich immer unglücklicher werden lassen. Du bist etwas, über das ich nicht nachdenken muss, du bist der Weg, zu dem es für mich keine Alternative gibt.“

Sascha neigte sich Greta zu und küsste sie sanft auf den Mund. „Heißt das, dass Jana jetzt meine Stieftochter ist?“ Sie küssten sich wieder und wieder.

„Lass uns darüber bitte auch nicht nachdenken“, flüsterte Greta und schubste Sascha ungeduldig in die Wohnung.

Das Fest der Liebe

Ein klassische Nachtisch-Geschichte. Sie beruhigt die aufgewühlten Erinnerungen nach „Rubinroter Dschungel", unterstützt als Zwischengang aber gleichzeitig die geschmacklich leichte Wehmut der „Landlesbenträumerei".

Eigentlich war ich mir immer sicher gewesen, dass alles im Leben eher zufällig und ohne Plan passierte. Deshalb erschienen mir die Erzählungen meiner Freundin Nina, die die Geschichte ihrer großen Liebe vom ersten Flackern der Ölkontrollleuchte bis zum unvermeidlichen Motorschaden auf der nächtlichen Autobahn Punkt für Punkt auf den Einfluss schicksalssteuernder Mächte zurückführte, vorsichtig ausgedrückt, vollkommen albern. Auf ihren ausdrücklichen Wunsch hin diskutierten wir dieses Thema allerdings bei den meisten unserer Treffen.

„Aber, ich wusste, dass sich mein Leben ändern würde, als diese Leuchte nicht aufhörte zu blinken!"

„Du hättest Öl nachfüllen können, das hätte dem Leuchten ein Ende bereitet."

„Siehst du, und genau das konnte ich nicht, ich wollte, aber ich konnte nicht!" Sie arrangierte die Kuchenkrümel auf ihrem Teller zu einem bröckeligen Buchstaben, den man mit viel Nachsicht für ein L halten konnte, und blickte mich vielsagend an.

„Und deshalb bin ich auf der Autobahn liegengeblieben und dann ist Marc vorbei gekommen und …"

Ich legte ihr schnell ein neues Stück Kuchen auf den Teller, bevor ich jeden Moment dieser unsterblichen Liebe noch einmal miterleben musste. Von erfüllter Vorsehung, Zucker und Backpulver zum Schweigen gebracht, versank Nina in ihre Gedanken.

An guten Tagen kauten wir an dieser Stelle synchron auf unserem Gebäck, wechselten das Thema nach einem bis spätestens zwei gut gefüllten Kuchentellern ins Alltägliche und ich unterdrückte wie immer den Hinweis, dass ihr das mit dem Öl immerhin so häufig passiert war, dass schon rein statistisch gesehen einer der rettenden Engel der Richtige sein musste.

„Dass das mit Jan schief gegangen ist, heißt nicht, dass du die große Liebe nicht noch finden kannst! Dafür ist es nie zu spät!!" Auch ihre Schlussworte an der Tür waren nicht wirklich neu. Ich nickte müde. Dass meine Beziehung nicht das tragische Ende einer großen Leidenschaft war, sondern sich kraft ihrer eigenen Belanglosigkeit aufgelöst hatte wie eine Brausetablette in klarem Wasser, passte nicht in Ninas Welt voller Liebender, die von unsichtbaren Kräften aufeinanderzugetrieben wurden. Ich wohnte nicht in dieser Welt der magnetischen Beziehungen. In meiner Welt vertrieben sich gelangweilte Einzelpersonen miteinander die Zeit, um zu verhindern, dass die teure Wohnzimmercouch nur auf einer Seite durchgesessen wurde.

Zum Jahresende und mit steigender Weihnachtsstimmung wurden die Bemühungen meiner Bekannten, mir jemanden vorzustellen, der dazu geeignet war, den Rest seines Lebens mit mir Strohsterne zu basteln, verzweifelter. Nina war dazu übergegangen, auch moslemische und jüdische Feiertage zu begehen, um mehr Gelegenheiten zu schaffen, mich und immer neue Männer ihrer Bekanntschaft um aufwendig gedeckte Tische zu versammeln. Geblendet vom Licht unzähliger Kerzen versuchte ich dabei jedes Mal, ihr aufmunterndes Zwinkern in die Richtung des Betreffenden zu übersehen und keines der ordentlich aufgereihten Messer nach ihr zu werfen.

Als ich Nina Anfang November nach einem Frühstück inklusive ausgiebiger Erörterung der Vorteile, die eine Beziehung im Hinblick auf den Transport und das Aufstellen von Tannenbäumen hat, mal wieder zur Tür brachte, schrie sie beim ersten Schritt in den Flur laut auf. Ich riss sie entsetzt zurück und spähte todesmutig nach der Bedrohung. Die lauerte auf den frisch gebohnerten Steinfliesen, denn vor meiner Wohnungstür lag unübersehbar eine geplatzte Milchtüte. In der weißen Lache, die gerade dabei war, meine Fußmatte zu marinieren, schwammen außerdem noch mehrere Walnüsse und zwei schokoladenüberzogene Lebkuchenherzen.

Nina deutete aufgeregt in die weiße Pfütze. „Das ist ein Zeichen!"

Ich war in Gedanken schon mit der Fleckenentfernung beschäftigt und antwortete: „Sieht das nicht eher wie Milch aus?"

In einer der oberen Etagen hörte man eine Tür schlagen und Schritte kamen die Treppe herunter. Nina stieß mich heftig in die Seite. „Siehst Du! Du hast doch gesagt, da wäre ein gut aussehender Mann ins Dachgeschoss gezogen. Pass auf, jetzt kommt er und entschuldigt sich für die Sache hier und dann …"

Ihr Redeschwall wurde von der Person unterbrochen, zu der die Schritte gehörten, es war meine siebzigjährige Nachbarin, die mit hochrotem Gesicht und einem Aufnehmer in der Hand die Treppe hinab auf uns zueilte.

„Danke Amor!", flüsterte ich Nina ins Ohr, die daraufhin mit einem Riesenschritt den Milchsee überquerte und schulterzuckend im Hausflur verschwand. Die Nachbarin hatte mich mittlerweile erreicht und schwenkte den Aufnehmer vollkommen aufgeregt in Höhe meines Gesichtes hin und her. Da ich sowohl Angst um ihr Herz als auch um mein Augenlicht hatte, griff ich beherzt in den wirbelnden Lappen und stoppte ihn in der Luft.

„Es ist alles in Ordnung Frau Ernst!", versuchte ich, sie zu beruhigen, denn ich merkte, wie ihr Arm zu neuen Drehbewegungen ansetzte. Sie hielt erschöpft inne und sprudelte hinaus: „Es tut mir so leid. Meine Enkelin kommt doch zu Besuch, sie war ja so lange in Amerika, und da wollte ich schon für ein bisschen vorweihnachtliche Stimmung sorgen. Es hat auch alles gut geklappt, den Kuchen habe ich nämlich schon gestern gebacken …“ Sie strahlte mich erwartungsvoll an und ich nickte ergriffen von soviel durchdachter Logistik.

„Aber es fehlten halt noch ein paar Dinge … Nüsse, Lebkuchen und …“ Sie blickte traurig auf meine aufgequollene Fußmatte und ihre Stimme wurde merklich leiser. „sie trinkt ihren Kaffee nämlich mit viel …“

„Milch?“, soufflierte ich in den schwächer werdenden Satz.

„Ja“, flüsterte sie.

„Ist doch kein Problem“, sagte ich ohne innere Überzeugung und begann, mit ihrem Lappen die Lache aufzuwischen.

Sie beobachtete meine Bemühungen eine Weile nachdenklich und schuldbewusst und schien plötzlich eine Idee zu haben. „Ich kaufe Ihnen Montag eine neue, viel schönere Fußmatte und lade sie heute auch zum Kaffee ein, der Kuchen ist für zwei sowieso viel zu groß!“ Sie strahlte so glücklich auf mich und meinen ruinierten Fußabtreter hinunter, dass ich gar nicht anders konnte als zu nicken.

„Meine Enkelin wird ihnen gefallen, sie sind doch fast im gleichen Alter.“

Ich sah verblüfft zu ihr auf. „Sie haben eine vierzigjährige Enkelin?“

„Fünfundzwanzig!“ Sie strahlte immer noch und hob ihre Armbanduhr dicht vor die Augen. „Sagen wir in einer Stunde? Katharina wird dann auch schon da sein.“

Nicken schien die einzige Geste zu sein, die ich unter Stress beherrschte.

Meine Zusage tat mir schon Minuten später leid. Jetzt drohte mir nicht nur eine Fußmatte mit fröhlichem Muster, sondern auch noch ein Nachmittag irgendwo zwischen Geriatrie und Kindergarten, denn wenn man es einmal nicht aus der Perspektive der eifrigen Frau Ernst betrachtete, waren weder sie noch ihre Enkelin in meinem Alter. Trotzdem schlich ich zur vorgegebenen Zeit die Treppe hinauf, gut gewappnet mit Ausreden, warum ich nicht länger als eine Stunde bleiben konnte.

Das vorweihnachtliche Duftgemisch aus Tannengrün, Kuchen und Kaffee, zusammen mit dem Anblick der alten Frau Ernst, die wahrhaftig eine weiße Schürze mit aufwendig gebundener Schleife trug, milderte meine gut gepflegte Weihnachtsabneigung, ohne dass ich etwas dagegen tun konnte. Möglicherweise lag es auch daran, dass dies das erste Kaffeetrinken seit der Geburt des Erlösers war, an dem ich nicht zwischen Apfel, Nuss und Mandelkern entscheiden musste, mit wem ich mein weiteres Leben verbringen sollte. Als es schellte, hatte ich die Enkelin schon fast vergessen. Ich knabberte gerade einen herzförmigen Lebkuchen rund, als sie zusammen mit ihrer glückstrahlenden Oma im Wohnzimmer erschien. Sie lächelte mitten in meine Kaubewegung und ich fühlte plötzlich, wie der Schokoladenüberzug unter meinen Fingern schmolz.

„Schmeckt's?“ Sie kam näher und reichte mir ihre Hand. „Hallo, ich bin Katharina und Sie müssen die Nachbarin ohne Fußmatte sein.“

Ich war nicht nur die Nachbarin ohne Fußmatte sondern auch ohne Manieren, denn ich starrte sie wortlos an. Alles an ihr war auf eine wunderschöne Art dunkel. Ihre kurzen Haare, die sich in ungestümen Locken ringelten und die Augen, in denen es spöttisch glitzerte. Ich betrachtete die Hand, die sich mir entgegenstreckte, und verfolgte den Lauf der Adern, die über den gebräunten Handrücken liefen.

„Oma, was hast du in die Plätzchen getan?“ Sie grinste und berührte mich sanft an der Schulter. „Alles in Ordnung?“ Ich erwachte mit einem Ruck aus meiner Trance und schüttelte endlich die immer noch dargebotene Hand.

„Tut mir leid, ich bin Ines.“

„Das sollte ihnen auf keinen Fall leidtun!“

Ich merkte, wie sich meine Wangen sich auf unattraktive Weise röteten, und zog erst mal meine Hand ruckartig aus der Gefahrenzone. Sie lächelte und schien in meinen Augen nach einem Signal zu suchen, von dem ich plötzlich hoffte, dass ich es aussandte. Frau Ernst arrangierte derweil völlig unbeeindruckt Tassen und Teller auf dem festlich geschmückten Tisch und winkte uns herüber. „Trinken Sie ihren Kaffee auch mit Milch?“, fragte sie mit einem unsicheren Blick, der erst mich, dann ihre Enkelin und schließlich das nur halbvolle Milchkännchen streifte. „Nur mit ganz wenig ...“ Ich merkte, dass ich schon wieder in das tiefe Braun dieser ungewöhnlichen Augen lächelte. „... wenn die Milch nicht reicht, können wir ja später immer noch meine Fußmatte auswringen.“

Stunden später, als ich schon längst wieder auf meiner eigenen Couch saß, war mir immer noch nicht klar, was mit mir in den vorausgegangenen Stunden los gewesen war. Es war ein bunter Wirbel aus Weihnachtsdüften, Gebäck und mühelosen Gesprächen gewesen, den ich so nicht kannte. Und der Abschied war mir ungewöhnlich schwergefallen, vor allem, weil ich keinen Weg gefunden hatte, ein weiteres Kaffeetrinken vorzuschlagen.

Nina rief mich zwei Tage später an, um mir aufgeregt mitzuteilen, dass ein alter Studienfreund ihres Mannes überraschend seinen Besuch angekündigt hatte. „Und er ist frisch geschieden! Ines! Das ist ein Zeichen!“ Ich merkte zu meiner eigenen Überraschung, dass ich nicht bereit war, noch an einem einzigen Schicksalstreffen teilzunehmen. „Tut mir leid, aber Sonntag ist schlecht.“

„Du bist verrückt! Schau ihn dir doch wenigstens an!“

„Tut mir leid, ich bin verabredet!“

Meine beste Freundin stellte für Sekunden die Atmung ein. „Mit wem?“, stieß sie schließlich ungläubig hervor.

„Kennst du nicht und ich möchte auch nicht darüber reden.“ Ich schaffte es, sie nach einigen weiteren inquisitorischen Fragen abzuwimmeln, weil ein lautes Poltern im Flur meine Aufmerksamkeit verlangte. Ein deutliches Gefühl von Deja Vu überfiel mich, als ich die Tür öffnete, denn vor selbiger stand Frau Ernst und um sie verteilt lagen verschiedene Backzutaten auf dem Steinboden. „Ich hätte die anderen Sachen erst nach oben bringen sollen, bevor ich ihre neue Fußmatte hinlege, oder?“

„Sieht so aus, als ob das wirklich besser gewesen wäre, vor allem für die Eier“, antwortete ich und wir blickten zusammen auf den Eierkarton, dessen Inhalt sich träge auf den Fliesen ausbreitete.

„Aber die Fußmatte hat dieses Mal nichts abbekommen!“ In der Stimme von Frau Ernst lag Triumph. „Gefällt sie Ihnen?“ Ich nahm die Matte zum ersten Mal richtig wahr und zu meiner eigenen Überraschung gefiel sie mir wirklich, sogar außergewöhnlich gut. Sie war vollkommen schwarz bis auf ein kleines rotes Herz in der linken oberen Ecke und einem winzigen Schriftzug „Willkommen“ darunter.

„Sie ist sehr schön!“, sagte ich voller Überzeugung.

„Katharina hat sie ausgesucht, ich hätte etwas Bunteres bevorzugt, aber sie meinte, die hier passt besser zu Ihnen“

„Sie gefällt mir sehr gut!“ Ich war mir einen Moment lang nicht sicher, ob ich jetzt die Fußmatte gemeint hatte.

„Na ja, ich komm das jetzt gleich aufwischen, bring nur die Taschen nach oben.“ Sie drehte sich langsam zur Treppe und ich erinnerte mich an meine gute Erziehung. „Lassen Sie, ich mach das schon.“ Ich griff nach den beiden schweren Tragetaschen und stieg neben ihr die Stufen empor.

„Ach, das ist ja zu nett! Katharina hat ja gesagt, ich soll die Sachen unten stehen lassen, sie kommt gleich wieder, holt nur noch ein paar Dinge aus ihrem Zimmer, sie wohnt nämlich einige Wochen bei mir, Platz genug ist ja!“

Es kam mir vor, als hätte Frau Ernst sich vorgenommen, bis zu ihrer Wohnung zu reden, ohne auch nur einmal Luft zu holen. Ich schnaufte neben ihr her.

„Das war auch nichts mit diesem Zimmer in der Wohngemeinschaft! Bei mir hat sie es da besser, da isst sie wenigstens ordentlich.“ Da von mir keine Erwiderungen erwartet wurden, konnte ich ungehindert dem eigenartigen Gefühl nachspüren, das Stufe für Stufe in mir wuchs.

Ich freute mich.

Ich freute mich völlig grundlos über die Tatsache, dass Katharina Ernst in den nächsten Wochen bei ihrer Großmutter ordentlich essen würde.

„Bleiben Sie noch einen Augenblick, ich mache Kaffee und Waffeln."

Katharina stürmte wenig später schwer bepackt und mit der Energie eines Sommergewitters in die Wohnung und verteilte unter vorsichtiger Anleitung ihrer Großmutter Sachen über alle Räume. Als sie sich schließlich setzte, geschah das mit einer deutlich sichtbaren Unruhe. „Das ist eine tolle Idee mit den Waffeln, aber ich wollte eigentlich ins Kino, der Film läuft heute nur um siebzehn Uhr." Sie schaute entschuldigend auf die Uhr und knabberte dabei eine Waffel an.

„Was wollten Sie sich denn ansehen?" Ich merkte, dass die Waffeln ohne sie deutlich an Geschmack verlieren würden.

Sie warf mir einen schelmischen Blick zu.

„Better Than Chocolate! Der soll sehr lustig sein, warum kommen Sie nicht mit? Ich stoppe Oma, bevor sie Waffeln in Großmarktmengen backt, und wir essen nachher mit ihr zu Abend."

Bis vor Kurzem war ich noch sicher gewesen, dass alle Filme, in die eine fünfundzwanzigjährige gehen würde, von jungen Männern handelten, die sich in Feriencamps das Herz einer jungen Frau ertanzten. Aber ich war mir mittlerweile sicher, dass Katharina so etwas nicht interessierte, und, was noch erstaunlicher war, mit ihr zusammen bekamen auch tanzende Schullandheiminsassen einen Reiz.

„Kino klingt eigentlich gut, wenn das mit Ihrer Großmutter kein Problem ist.."

„Oma!" Katharina verschwand in der Küche und kam kurz darauf mit Frau Ernst zurück. „Wenn ihr Kinder lieber ausgehen wollt, dann räume ich noch ein bisschen auf und koch uns was Schönes für heute

Abend." Sie schien sich über unsere Idee ehrlich zu freuen und das zerstreute die letzten meiner Bedenken.

Ein Blick auf das Filmplakat machte mir klar, dass ich im Zusammenhang mit Katharina keine tanzenden Jünglinge befürchten musste. „Das ist eine Liebesgeschichte zwischen zwei Frauen", verbalisierte ich wenig geistreich das Offensichtliche. „Ja, klar." Sie schien verwundert über meine Verwunderung.

„Bist du, ich meine …" Nun war auch der letzte Funken Verstand aus meinem Schädelinnenraum verschwunden. Wie kam ich dazu, sie das zu fragen? Die jungen Leute waren heute viel offener, ich war spießig, weil ich glaubte, dass sie nur, weil sie diesen wahrscheinlich ungeheuer lustigen Film sehen wollte …

„Ja! Falls deine Frage ‚Bist du lesbisch?' lauten sollte. Du nicht?"

Ich starrte sie verblüfft an.

Nichts in ihrem Gesicht deutete darauf hin, dass sie mir gerade eine abweichende Sexualität unterstellt hatte. Sie sah mich einfach nur an und der Blickkontakt dauerte viel länger, als ich es gewohnt war.

„Ich? Äh, nein, bin ich nicht!"

Sie grinste mich an und strich mir ganz kurz über die Wange. „Schade!"

Ihre Berührung fühlte sich an wie eine leuchtende Spur, die von meinem Gesicht in weit tiefere Regionen wies. Gut! Das war definitiv mehr Zuwendung, als ich von einer Frau vertragen konnte und wollte. Sie hatte sich schon ein paar Schritte wegbewegt, um Karten zu kaufen, und so erwischte ich sie nur an einem Arm. „Ich glaube, ich möchte doch nicht mitkommen. Es wird mir dann zu spät nachher …" Meine Ausrede klang so müde, dass es uns beiden peinlich war.

Zwischen ihren schönen Augen bildete sich eine steile Falte. „Ich hätte dich höchstwahrscheinlich im Dunkeln nicht angegrapscht, aber sicher ist sicher, oder?"

Sie drehte sich, ohne eine Antwort zu erwarten, um und verschwand im Kinofoyer. Ich schaffte es beim Nachhausekommen nicht einmal mehr, mich bei Frau Ernst für das Abendessen abzumelden, ich kroch einfach in mein Bett, zog mir die Decke über den Kopf und versuchte, in Winterschlaf zu sinken.

Weihnachten rückte immer näher und meine Stimmung sank kontinuierlich tiefer. Um mich herum ertrank die Welt in einem Taumel aus Tannenzweigen und Lichterketten. Jeder, den ich in den Geschäften beobachtete, schien jemanden zu haben, für den er Pullover oder Socken oder Bücher aussuchen musste, und mir wurde zwischen zwei Kleiderständern plötzlich klar, dass ich Katharinas Konfektionsgröße nicht kannte.

Nina wies mich täglich am Telefon darauf hin, dass meine Depressionen eine logische Folge meiner Weigerung, nette Männer kennenzulernen, war. Ich buk halbherzig ein paar Plätzchen und erwischte mich dabei, wie ich darüber nachdachte, sie mit einer ernst gemeinten Entschuldigung in den zweiten Stock zu tragen, aber ich tat es nicht. Jeden Morgen erwachte ich mit den gleichen Gedanken und wiederholte sie den ganzen Tag.

Der Winter war zu kalt!

Der Dezember war zu lang!

Weihnachten war grausam!

Ach ja, und ich war feige.

Am dritten Advent klingelte es Sturm an meiner Tür. Mittlerweile ging es mir so schlecht, dass selbst die Aussicht auf einen brennenden Tannenbaum in der Nachbarwohnung, der eine komplette Evakuierung des Hauses nötig machte, eine willkommene Abwechslung darstellte. Vor der Tür stand eine völlig aufgelöst weinende und atemlose Katharina. „Oma macht nicht auf … bitte … ich … habe meinen Schlüssel vergessen …

ich habe kein Handy mit … und … es ist bestimmt etwas passiert!"

Ich schnappte mein Telefon und den Schlüssel und wählte, während wir die Treppen hinaufrannten, den Notruf. Die Eingangstür war zu massiv, als dass wir eine Chance gehabt hätten, sie mit Gewalt zu öffnen.

„Wer hat noch einen Schlüssel, denk nach!"

Katharina sah mich an, als verlangte ich von ihr, den Mount Everest ohne Sauerstoffgerät zu besteigen. Unter Tränen stammelte sie dann: „Niemand, nur ich und sie." Ein Weinkrampf schüttelte sie unkontrollierbar. „Wir haben uns gestritten … gestern … und ich bin heute Nacht nicht zu Hause gewesen, wenn …" Ich zog sie ohne nachzudenken in meine Arme. „Es wird alles gut, hörst du?" Sie lehnte sich gegen mich und ich fühlte mich plötzlich stark genug, den Kampf mit allen Mächten des Schicksals aufzunehmen.

Mit dem Eintreffen der Rettungskräfte ging alles sehr schnell, die Tür wurde geöffnet und Männer in roten Westen eilten an uns vorbei in die Wohnung. Katharina wollte ihnen sofort folgen, aber ich hielt sie fest. „Du kannst im Moment nichts tun", flüsterte ich in ihr Haar, das meinen Hals berührte.

„Sie muss wissen, dass ich hier bin." Sie riss sich los und stürzte in den Flur. Die Sanitäter knieten im Badezimmer um die reglose Gestalt meiner Nachbarin und ich fühlte, wie mein Magen sich zusammenzog. „Sie lebt! Sie ist bewusstlos, ihr Puls ist schwach aber stabil. Wir bringen sie in die Klinik", sagte schließlich einer und wir schauten reglos zu, wie Frau Ernst vorsichtig zum Wagen getragen wurde.

„Ich fahre dich hin", sagte ich zu Katharina, die nur schwach nickte und sich eng an mich drückte.

Auch wenn ich den Weg ins Krankenhaus nicht sicher wusste, eines wusste ich ganz genau: Selbst wenn ich den Lauf der Planeten verändern musste, ich würde verhindern, dass irgendetwas oder irgendjemand diese wundervolle Frau verletzte.

Gott sei Dank, waren solche dramatischen Maßnahmen gar nicht nötig. Als wir uns von der Rezeption bis zur Aufnahme durchgefragt hatten, war Frau Ernst schon wieder bei Bewusstsein. Blass lag sie in den weißen Laken, aber ihre Augen funkelten beinahe übermütig, als sie uns zusammen sah. Katharina nahm erleichtert die Hand der alten Frau mit sanfter Zärtlichkeit und küsste sie. „Oma, es tut mir leid! Ich hätte nicht wegbleiben sollen." Beide beteuerten sich so lange abwechselnd ihre Zuneigung, bis eine Krankenschwester uns schließlich freundlich darauf hinwies, dass ihre Patientin jetzt etwas Ruhe brauchte und wir doch morgen wieder kommen sollten.

In den folgenden Tagen verbrachte ich jede freie Minute mit Katharina. Nach unseren Besuchen im Krankenhaus gingen wir meist lange spazieren und mit ihr an meiner Seite leuchtete jedes der aufwendig geschmückten Fenster etwas heller. Wenn wir nicht zusammenwaren, fielen mir ständig Dinge ein, die ich ihr noch sagen oder zeigen wollte. Im Radio schienen alle Lieder von ihr zu handeln, oder besser gesagt die, in denen die Worte Liebe, Küssen und ewig vorkamen.

Und sie war auch in den Gesprächen mit meinen Freunden für mich zum Lieblingsthema geworden. Manchmal glaubte ich, dass es sich nur lohnte, einen Satz zu bilden, wenn er mit „und dann hat Katharina gesagt" begann.

Nina zeigte sich über diese Entwicklung höchst beunruhigt und versicherte mir, dass die Sache mit der Fußmatte nichts anderes als ein dummer Zufall gewesen wäre.

Jeden Abend dauerte der Abschied vor meiner Tür länger und ich wurde nicht müde, Gründe zu finden, warum sie noch einen Augenblick neben mir stehen bleiben sollte. In ihrem Blick lag all die Liebe, die ich immer gesucht hatte, aber sie schien auf ein Zeichen von mir zu warten.

Als wir am heiligen Abend das Krankenhaus verließen, um bei mir zu essen, wusste ich, dass ich sie nie wieder verlieren wollte. Im Licht der Weihnachtskerzen sammelte ich all meinen Mut, zog sie an mich und küsste sie. „Es ist doch das Fest der Liebe, nicht wahr?“, flüsterte ich danach atemlos in ihr Ohr.

Sie lächelte und schob ihre Hand vorsichtig unter meinen Pullover. „Dann lass uns feiern!“

Im Krankenhaus prostete Frau Ernst im selben Moment mit einem kleinen Glas Sekt, das ihr die Schwester gebracht hatte, lächelnd in die Richtung des Himmels. „Frohe Weihnachten und ein Prosit auf die Liebe, auch wenn ich sagen muss, das war nicht einfach dieses Mal!“

„Hättest du lieber wieder die Heteros?“, antwortete für alle anderen unhörbar eine weibliche Stimme, die aus dem Nichts zu kommen schien. „Autobahnen, Hochzeiten, Singletreffs?“

„Ich bitte dich!“ Frau Ernst lehrte ihr Glas in einem Zug und schlief zufrieden ein.

Das F-Wort

Ein Muss zu schneller und / oder heißer Küche wie „Begierde" und „Dykes On Purple Bikes". Kann als erotisches Gegengewicht zu „Infam" dienen.

Ich will dich jetzt, sagte sie und ihre Hand kniff etwas zu fest und eine Spur zu hoch in die Innenseite meines Oberschenkels. Ich verbot mir einen überraschten Schmerzenslaut. Kling, tönte es im selben Moment irgendwo weit vorne in der Kabine. Druckabfall, dachte ich, vergaß meine attraktive Sitznachbarin und griff panisch nach den laminierten Sicherheitshinweisen in dem kleinen Netz am Sitz vor mir. Zeichnungen von fröhlichen Todgeweihten, die ungerührt Masken über Mund und Nase streiften, bevor sie Kleinkindern halfen, hielten mir mein weiteres Schicksal vor Augen. Ich gehe vor, flüsterte sie ungerührt und ihre Stimme hatte diesen eiligen, heiseren Tonfall, den sie manchmal kurz vor dem Orgasmus hatte. Vielleicht warten wir mit dem Sex, bis die Sauerstoffmasken aus der Decke gefallen sind, wollte ich eigentlich sagen und schaute ihr doch nur still nach, wie sie sich entschlossen durch die Mittelreihe des Flugzeugs schob und in der Bordtoilette verschwand.

Lautlos wechselte das grüne Lichtchen über der Tür auf Rot. Rote Laterne, wie ertappt senkte ich den Kopf und folgte mit den Augen den fluoreszierenden Streifen auf dem Boden bis zum praktisch beschuhten Fuß einer Flugbegleiterin, die sich auf Zehenspitzen nach einer Zeitung in den oberen Fächern streckte. Im Ernstfall würden diese Streifen leuchtend den Weg zum nächsten Notausgang weisen, der bei einem Sturz aus zwölf Kilometern von großer Wichtigkeit sein konnte. Ich verordnete mir stimmungshebende Fantasien über raschen Sex mit fliegendem Personal, aber ich schaffte es nur mir vorzustellen, wie wir ineinander verschlungen die aufgeblasene Notrutsche hinabjagten. Sie in perfekt sitzender Uniform, ich ohne Schuhe. Hinter uns das brennende Flugzeug. Mein Herz sackte wieder in die Hose und blockierte laut schlagend die Region, die jetzt eigentlich erregt sein sollte. Ich war ratlos. Wie konnte man Sex in einem von Druckabfall bedrohten Raum aus Stahl haben wollen, dessen Einrichtung mit achthundert Kilometern pro Stunde durch die Luft geschleudert wurde?

Es hatte alles so unglaublich gut angefangen mit dieser neuen Eroberung. Wir waren von Anfang an wie Feuer und Benzin gewesen. Jede Berührung eine Explosion. Sie war die Frau, mit der einen die Lust immer spontan überfiel, mit der man sich hemmungslos bei Edeka im Lollo Rosso und bei Aldi in den extrawarmen Wintersocken wälzen wollte. Mit der man das Essen kalt und das Bier warm werden ließ. Mit ihr wurde jeder auch noch so unerotische Ort eine Gelegenheit, bis …, ja, bis sie das F-Wort sagte.

Lass es uns im Flugzeug tun, atmete sie mir laut hinter der dünnen Türe einer Umkleidekabine ins Ohr. Mir verschlug es vor Schreck die Lust und die Antwort. Schweigend trug ich die neue Bluse, von der ich natürlich nur vermuten konnte, dass sie mir passte, zur Kasse. Ich hätte Interesse, flüsterte dort die kurzhaarige Verkäuferin, die schon im Umkleidebereich zu eifrig angeboten hatte, einer oder beiden von uns aus den Sachen zu helfen. Ihr hungriger Blick ließ mich handeln, denn sie war kurz davor, die Konfektionsgröße meiner Geliebten mit bloßen Händen zu ermitteln. Im Flugzeug wäre es wunderbar, log ich stoßweise atmend, während wir uns wenig später gegenseitig die lange Wartezeit im Stau verkürzten. Sie belohnte mich mit einem lauten Orgasmus, den der Wagen vor uns wohl für einen herannahenden Rettungswagen hielt, denn er scherte blitzschnell auf den Seitenstreifen aus.

Das rote Licht sandte mir weiter strahlend ihre sexuelle Bereitschaft durch die enge Kabine. Ich löste widerwillig den Gurt und trat so vorsichtig in den Gang, als könnten meine Schritte die Maschine aus dem Gleichgewicht bringen. Ein Schritt, anderthalb Schritte, eindreiviertel Schritte, zwei Schritte. Ich kam für meine Verhältnisse gut voran, bis ein unabsichtlicher Blick aus dem Fenster mich in die blaue Leere schauen ließ, die nur darauf wartete, mich gleich beim Heavy Petting samt Freundin und Flugzeugtoilette zu verschlingen. Mir war nur noch nach Heavy breathing, petten musste jemand anderes. Das Flugzeug sackte im gleichen Augenblick ein paar Meter ab und machte eine kleine Rollbewegung nach vorne. Ich verlor laut schreiend das Gleichgewicht, griff nach der in der Nähe stehenden Stewardess und gemeinsam landeten wir auf dem Schoß der allein reisenden Geschäftsfrau in Sitz 23 A. Warum denn so stürmisch, lächelte die äußerst wenig gestört und ich wusste nicht, ob sie mich oder die Flugbegleiterin meinte. Die wusste es offensichtlich auch nicht und so blieben wir beide noch einen Moment auf der freundlichen Fremden liegen.

Das erklärt, warum ich so lange warten musste, hörte ich im selben Moment eine gar nicht mehr heisere Stimme hinter mir. Das Flugzeug bockte wieder und das Anschnallzeichen leuchtete auf. Bitte gehen Sie sofort zu Ihrem Platz, befahl die Stewardess unter meinem rechten Arm hervor. Wir entknäuelten uns und ich eilte neben die wütende Frau, mit der ich fast in den Mile-high-Club gekommen wäre. Ich zog meinen Gurt so fest, dass er die Blutzirkulation in meiner unteren Körperhälfte komplett unterband. Sie saß etwas zu gerade neben mir und würdigte mich keines Blickes. Das Flugzeug unterhielt uns mit vereinzelten Luftsprüngen. Wir könnten es ihm Aufzug tun, flüsterte ich in ihre Richtung, während wir wieder bedenklich absackten. Ich weiß nicht, sagte sie und wandte mir ihr äußerst blasses Gesicht zu. Mir ist nicht gut. Dann riss sie die kleine weiße Tüte zu sich und würgte mitleiderregend. Das sind nur milde Turbulenzen, das wird schon wieder, hörte ich die Stimme der Stewardess sehr dicht an meinem Ohr, obwohl sie eindeutig mit meiner röchelnden Mitreisenden sprach. Mit einem beruhigenden Lächeln und einigen schnellen Handbewegungen zauberte sie ein kühles Tuch hervor, entfernte die Tüte und steckte mir ihre Visitenkarte zu. Meine Flugangst wich freudiger Erwartung. Während das Flugzeug in einer Reihe von Bocksprüngen seinem Ziel entgegeneilte, sah ich uns leidenschaftlich küssend auf dem Kofferkarussell endlose Runden drehen.

Fliegen, dachte ich. Alles für diesen Moment.

Hinterm Mond

Bietet sich zusammen mit „Basic Instinct“ und einer Tofubratwurst schon fast als komplettes literarisch-kulinarisches Ruhrgebiets-Coming-Out-Menue an. Dürfte allerdings auch in anderen deutschen Gegenden verstanden werden. Hier vielleicht „Instant Craving“ mit regional beliebter Gemüseeinlage und Tofubrühwurst dazu verwenden.

In dem Augenblick, in dem die Amerikaner zum ersten Mal auf dem Mond landeten, zündeten die Kinder von Frau Plenzke im Dachgeschoss unseres Nachbarhauses probeweise eines ihrer sieben Betten an. Wie alles, wurde ihnen auch das schnell langweilig, und so warfen sie eine Decke über das kleine Feuer und wandten sich missmutig wieder der schwarzweißen Eroberung des Weltalls auf dem Bildschirm in ihrem Wohnzimmer zu. Während Neil Armstrong sich noch in der Enge seiner Kapsel darauf vorbereitete, die lange Ruhe im Meer der Stille zu beenden, fanden die spielerisch entfesselten Flammen Gefallen an ihrer Freiheit und drängten an den überraschten Zauberlehrlingen vorbei über das Kinderzimmerfenster und die Dachluken im Flur hinaus, in den dunklen Himmel. Die Plenzke-Kinder wussten nicht viel, aber sie wussten, wann sie schreien und rennen mussten. Unser Teil der Straße verzichtete deshalb in dieser Nacht darauf, mit der restlichen Menschheit einen einzigen riesigen Schritt zu machen, und polterte stattdessen in einer Serie von hektischen Hüpfern und großen Sprüngen die verschiedenen Treppen hinab ins Freie. Draußen standen die meisten Familien dann untätig und ängstlich in zu stark gemusterter Nachtwäsche auf dem noch warmen Asphalt, nur einige der Männer, die keine Nachtschicht hatten, reichten in schneller Folge Möbel, Kleidung und heulende Kinder aus dem träge qualmenden Treppenhaus.

Wir Jüngeren hatten die Köpfe in den Nacken gelegt und starrten angestrengt in die Höhe, fasziniert von der Tatsache, dass die ansonsten unauffälligen Plenzkes es geschafft hatten, den fernen Weltraumpionieren in ihren weißen Anzügen die Show zu stehlen. Ich versuchte in der flackernden Dunkelheit zu erkennen, wo Michaela Plenzke, die älteste Tochter, stand. Einige der Erwachsenen gestikulierten in Richtung Himmel und es sah aus, als beteten sie gemeinsam zu jenem Gott, auf dessen Namen sie sich sonst nicht einigen mochten. Vielleicht hegten sie aber auch die Hoffnung, dass einer der Astronauten, der mit dem Mond zusammen Gott und die Welt umkreiste, sie von da oben sehen konnte. Und dass er mit dem wichtigen Rauschen und den kleinen Piepsern, die jedes Wort aus dem Orbit begleiteten, vom Himmel herab verfügte, dass Frau Plenzke ihren Job als Kellnerin in der Bar nun endlich aufzugeben hatte. Oder sich einen ordentlichen Mann suchen musste. Oder beides. Und dass die Neubausiedlung endlich fertig wurde.

Aus dem Kommunionsunterricht besaß ich noch eine ganze Sammlung von Bildern verschiedenster Heiliger, die sich um ganz unterschiedliche Sachen kümmerten. Ich zog meine Mutter an der Hand und fragte sie, welcher der Astronauten wohl für die Rettung von Michaela Plenzke zuständig war, sie fühlte mir nur abwesend die Stirn und unterhielt sich weiter mit den Nachbarn.

Ich konnte Michaela nicht finden und wurde unruhig. Immerhin konnte ich zwischen den Wolken immer wieder einen Blick auf den Mond erhaschen, war mir aber nicht sicher, ob die verschiedenen Götter und Astronauten genug Geduld besaßen, um dem Verlauf unserer Straße in ganzer Länge zu folgen und am Ende im Schatten des Hochofens die letzten drei Häuser zu sehen. Wahrscheinlich glaubten sie, wie die meisten Menschen in der Mitte der Stadt, dass unsere Straße nur bis zum ersten Bahnübergang reichte und dann auf dem Werksgelände verschwand. Aber das stimmte nicht. Sie machte dort nur einen scharfen Knick nach links, hielt über einige hundert Meter gekonnt Abstand zur Werksmauer und machte einen letzten kleinen trotzigen Bogen zum zweiten Bahnübergang nach rechts. Hier ergab sie sich dem Drängen der Schienenstränge, Schotterflächen und Brachen auf der anderen Seite und ließ ihren Namen und ihren Belag vor den Gleisen zurück. Mitten in diesem kleinen, vergessenen Straßenblinddarm, zwischen den beiden beschrankten Wegen der Güterzüge, standen unsere Häuser. Drei alte Mietskasernen, die sich wie brave Hunde mit den Jahren dem Aussehen ihres Herrn, der auf der anderen Straßenseite Stahl kochte, angenähert hatten.

Da kann man noch wohnen, hatte sich eine Lehrerin einmal laut gewundert und das nicht einmal böse gemeint. Obwohl meine Mutter, wie alle Frauen, die den Kampf gegen den Dreck an vorderster Front austrugen, mich und unsere Wäsche mit Inbrunst bleichte, trug ich meine Herkunft wie ein Aschenmal, das sich nicht abwaschen ließ. Du musst das anders sehen, sagte mein Vater, aber er sagte mir nicht, wie. Außerhalb unserer Straße blieb meine Kutsche immer Kürbis und kein Spiegel vermutete mich hinter den ungezählten Halden. Gebt mir eure Müden, eure Armen, sagten die flehend erhobenen Armen der rot-weißen Andreaskreuze und alle Wachen und Reichen kehrten folgerichtig um, oder verirrten sich im Niederschlag der feuchten Schwaden aus den Kühltürmen.

Von hier aus kann es nur aufwärts gehen, scherzten meine Eltern, die beide aus einer fernen Bergregion stammten und an das Leben im Tal der Schatten gewöhnt waren. Da mein Bett im Wohnzimmer stand, konnte ich hören, wie sie abends davon flüsterten, mit dem nächsten Schub der Fleißigen in frisch geklinkerte Mehrfamilienhäuser mit Heizung und Bad einzusickern. Und dass es besser wäre, mich von dem Plenzke-Mädchen fern zu halten. Ich betete nachts für ein Wunder, dass es mir auf ewig gestattete, mit Michaela den lodernden Hochöfen zu lauschen. Mit ihr lernte ich den Kampf mit den Windmühlen, denn wir waren Kinder einer kriegerischen Welt, in der mutige Männer bei

Tag und Nacht die dunklen Öfen, die hinter der Mauer wie gefangene Drachen heulten und Feuer spuckten, hüteten. Nur mit Michaela, der Verbotenen, die schon rauchte und damit prahlte, den Tod persönlich zu kennen, eroberte ich in Sommernächten die wunden Pfade aus Stahl, die wie Katzen schrien, wenn die schweren, glühenden Wagen träge, wie ein verwunschener Fackelzug, über sie hinwegzogen.

Feuer kann uns beiden nichts anhaben, dachte ich, während die sieben brennenden Betten der Plenzke-Kinder sich wild und sehnsüchtig nach dem Mond streckten. Wir hüten das Feuer.

Wird Zeit, dass hier alles abgerissen wird, sagte Frau Walkowiak, die so etwas schon lange hatte kommen sehen, zu meiner Mutter, die müde nickte. Frau Walkowiak, mit der wir uns die Etage teilten, war vom Schicksal dazu berufen worden, der ahnungslosen Menschheit das drohende Ende zu verkünden. Der rotierende blaue Schein auf den Wagen der Feuerwehr, der Licht und Schatten in dramatischer Folge über ihr Gesicht jagte, ließ sie für mich in dieser Nacht wie eine richtige Prophetin aussehen und sogar ihre schrille Stimme passte hier besser als in der Waschküche oder im Treppenhaus, wo sie sonst prophezeite. „Werde ich Michaela heiraten?“, fragte ich sie flüsternd. Meine Mutter schubste mich unsanft in eine Gruppe aus dem Nachbarhaus, um mir weiteren Einblick in den genauen Ablauf meines Schicksals und der Apokalypse zu verwehren. So stand Frau Walkowiak allein im feinen Ascheregen und erklärte Frau Arslan, die kein Deutsch verstand, warum sie über das Feuer bis jetzt hatte schweigen müssen. Frau Arslan strich ihr beruhigend über den Arm und nahm sich zum wiederholten Male vor, ihren Mann zu fragen was „Ist schon alles gut“ auf Deutsch hieß.

Als die Werksfeuerwehr den tanzenden roten Schein in den schrägen Fenstern endlich in schwarzen Schlamm verwandelt hatte, wurde es schon hell und die Astronauten hatten Feierabend gemacht. Niemand von uns war dabei gewesen, als der geriffelte Menschenschuh den körnigen Mondstaub getroffen hatte. Die Familie Molinero aus dem

Anbau ganz links verteilte wortlos lächelnd Kuchen an alle, die noch in der kalten Morgenluft standen, ohne zu wissen, dass meine Mutter spanischen Kuchen viel zu süß fand. Den Kuchen der Familie Arslan übrigens auch, aber die verteilten nichts, sondern quartierten die fassungslose Frau Plenzke und vier ihrer jüngeren Brandstifter kurzerhand in die eigene große Wohnküche ein. Die drei Älteren wurden auf andere hilfsbereite Nachbarn verteilt und ich riss die leicht rußige Michaela, die wie ein Geist aus dem Rauch aufgetaucht war, voller Inbrunst an mich. Ich durfte zwar nicht mit ihr spielen, aber retten mussten wir sie, das sah auch meine Mutter ein.

Mein Bett wurde zum engen Versteck für die müde Brandstifterin und meine Lippen wurden zu ihrer Zuflucht. Die Renovierung der Wohnung würde lange dauern, wir hatten endlich Zeit. Sie schlief erschöpft ein und ich hielt zum ersten Mal ein schlafendes Mädchen in meinen Armen.

Ich stellte mir an jenem Morgen mit der zitternden Michaela dicht an meinem Herzen und dem Brandgeruch in der Nase voller Glück vor, wie unsere kleine Straße unbemerkt vom Rest der Stadt in Schutt und Asche fiel und uns alle unter sich begrub. Und wie wir uns aus der Asche erhoben, Michaela und ich, und helles Feuer wurden. Ich sah, wie sich dieses Feuer nach hinten über den Hof zu den Güterzügen durchfraß und auf einem Wagen lodernd in die vom gemeinsamen Mondspaziergang trunkene Welt fuhr. Ich sah, wie einzelne Flammen versuchten, zur anderen Seite der Straße zu springen und liebevoll an der hohen Mauer zur Hütte entlang leckten. Wie unser großes Feuer schließlich die Straße hinabbrannte, den ganzen Weg, an den Schrebergärten vorbei, den neuen schmucken Mietshäusern bis hoch zur Einkaufsstraße, wo der Bäcker und der Metzger und der Friseur und alle Lehrer ahnungslos schliefen. Und ich überlegte noch tagelang, ob es dorthin geeilt war, um sie zu wärmen oder zu verbrennen.

Auf den Punkt!

Liest sich am besten zum frischen Salat „Nacht in Nizza", kann aber auch nach einer herzhaften Portion „Frieda knusprig" oder einem Teller „Ginger ohne Fred" noch seine volle Wirkung entfalten.

„Ich werde die Liebe jagen und ich werde das Glück im richtigen Moment zur Strecke bringen!" Lina hatte sich diesen Satz im Frühling in einem Anfall wilder Kampfeslust mit roter Kreide auf die Tafel in ihrer Küche geschrieben, um ihn jeden Tag zu sehen. Die Tafel hatte sie sich, genau wie die Kreide, extra für diesen einen Zweck gekauft. Sie hatte erst darüber nachgedacht, sich den Satz in roter Neonfarbe auf die Wand zu sprühen, war aber wieder davon abgekommen, als ihr ein altes Schulheft in die Hände fiel, das ihr eine eher unleserliche Schrift bescheinigte. Die Tafel hatte geduldig einundvierzig Versuche über sich ergehen lassen, bis Lina das Ergebnis für annehmbar hielt. Mittlerweile war es Sommer und natürlich nutzte sie inzwischen die ansonsten leere schwarze Fläche auch für andere Notizen. So stand über dem Wort Glück noch „Magerquark", unter Liebe noch „Steuererklärung" und schräg unter „jagen" konnte man leicht verwischt Zahnseide und Sprühsahne lesen.

„Bist du sicher, dass sich das Glück mit Zahnseide und Sprühsahne erlegen lässt? Ich hätte eher auf Pfeil und Bogen getippt."

Lina ignorierte die Bemerkung der Exfreundin, die ihr daraufhin still grinsend einen Schlüssel und genaue Anweisungen, wie die Pflanzen in ihrer Abwesenheit zu wässern seien, in die Hand drückte.

Als Lina ein paar Tage später die in Millilitern vorgegebene Wassermenge in die jeweilige Blumenerde rinnen ließ, fragte sie sich wieder einmal, warum sie in dieser geräumigen Wohnung nicht ihr Glück gefunden hatte. Warum lag sie jetzt nicht in schicker, aber bequemer Freizeitkleidung auf der grauen Designercouch mit dem beigestellten Loungemodul und plagte sich mit der Frage, ob sie die Gambas fürs gemeinsame Abendessen in Knoblauch- oder Chilliöl einlegen sollte? Was hatte den perfekten Anfang dieser Beziehung so sorgfältig in gepflegte Langeweile verwandelt? Sie sah sich ratlos um. Wie hatte sich die große Liebe bei diesen wenigen Möbeln hier überhaupt vor ihr verstecken können? Hinter der dünnen Designerstehlampe in der Ecke zum Beispiel hatte doch nicht einmal eine kleine Liebe Platz. Mit der freien Hand hob Lina eines der übergroßen Kissen vom fein gewebten Sofabezug, als könnte sich die Antwort auf ihre Frage vielleicht darunter verbergen. Sie fand aber nur ein paar lange, blonde Haare, die ihr verrieten, dass hier jetzt andere Frauen nach Glück suchten. Das kam zwar nicht unerwartet, fühlte sich aber trotzdem an, als versuchte jemand, ihr Herz mit einem stumpfen Locher zum Abheften vorzubereiten. Sie ließ in einer Mischung aus Ungeschick und Böswilligkeit etwas Blumenwasser auf die Haarsträhnen und die Couch tropfen und fühlte Melancholie. Wenn sie sich vielleicht damals früher kennengelernt hätten, Jahre früher, vor dem Studium, das wäre ein guter Moment gewesen. Oder wenn schon im Studium, dann aber am Anfang, als alles noch ungewiss war. Oder vielleicht wäre lange nach dem Studium auch gegangen. Oder möglicherweise wäre es komplett besser gewesen, wenn sie damals gar nicht mit dieser sondern mit einer anderen Frau ins Tutorium gegangen wäre. Ihr wurde schwindelig, wie immer, wenn sie in den kreuz und quer laufenden Fäden ihrer Lebensentscheidungen nach dem einem Punkt suchte, an dem sie das wirkliche Glück hätte treffen können.

Auf dem Weg nach Hause folgten ihr traurige Gedanken wie eine Horde knurrender, zottiger Hunde. Es begann, heftig zu regnen. Lina hatte keinen Schirm und wurde wütend. Natürlich. Kein Schirm, keine Liebe, keine gemeinsamen Gambas in Knoblauchöl, das Glück war so launisch, so ungerecht. Es versteckte und verstellte sich, trug Masken und

… Klatsch. Lina hatte die Radfahrerin überhaupt nicht gesehen und nun lagen sie schon ineinander verkeilt auf dem nassen Bürgersteig. Rechts neben Lina kullerte ein einzelner Apfel auf den Bordstein zu und Lina hinderte ihn mit der Hand daran, in die Wassermassen im Rinnstein zu rollen. Die Radfahrerin stöhnte leise und richtete sich dann auf. „Erklären Sie mir jetzt bitte nicht, dass das hier ein Bürgersteig ist, in den Pfützen auf der Straße wäre ich vorhin beinahe ertrunken." Sie rieb sich den Arm, auf dem eine große Abschürfung zu sehen war, und fragte dann: „Haben Sie sich wehgetan?"

Lina starrte die schöne Abgeschürfte an, als hätte diese sie gebeten, ihr den Weg der Venus um die Sonne zu erläutern. Das ist der Moment, dachte sie. Jetzt. Hier. Diese fremden Augen funkelten sie an wie die Sterne, die den Seeleuten in der Nacht den Weg wiesen.

„Alles in Ordnung? Kann ich Ihnen helfen?" Eine andere weibliche Stimme erklang unerwartet auf Höhe des Bordsteins und als Lina hinuntersah, sammelte dort eine weitere attraktive Frau das restliche Obst ein.

Große Liebe – möglicherweise hier lang. Lina sah hilflos zu, wie das Schicksal ohne große Eile einen zweiten, interessanten Wegweiser aufstellte.

„Mir geht's ganz gut", antwortete die Radfahrerin durch Lina hindurch. Die Blicke der beiden unbekannten Schönen spielten Fangen zwischen den glitzernden Regentropfen, die wie ein Perlenvorhang vom Himmel fielen. Der zweite Wegweiser drehte sich wild im Wind.

Nein, dachte Lina, nein. „Mein Moment", flüsterte sie.

„Was?" Die beiden Fremden starrten sie einstimmig überrascht an.

Sie kam zur Besinnung. „Äh, ich meine, mein Kopf tut etwas weh, hab mich wohl an ihrem Lenker gestoßen." Mein Kopf, dein Lenker, dachte Lina, das Schicksal, mein Moment, dein Moment, deine Augen …

Die gefallene Radfahrerin sah bestürzt aus. „Tut mir sehr leid, wirklich, aber Sie sind plötzlich einen Schritt zur Seite gegangen und mit den

Taschen am Lenker konnte ich nicht mehr ausweichen." Die leichte Verlegenheit und der Regen auf dem Gesicht standen ihr unwahrscheinlich gut. Der zweite Wegweiser fiel quietschend um.

„Macht doch nichts." Lina strich sich die feuchten Haare aus dem Gesicht und lächelte schüchtern.

„Wenn es Ihnen beiden gut geht, bleibt für mich ja wohl auch nichts mehr zu tun." Die hilfreiche Fremde im Rinnstein reichte der Radfahrerin eine wieder gefüllte Tasche und blieb unschlüssig stehen. Da standen sie jetzt zu dritt im Regen und das fallende Wasser rauschte so laut, dass keine von ihnen genau verstehen konnte, was das Schicksal sagen wollte. Du bist wunderschön, dachte Lina.

„Ich muss mich dringend etwas erholen", sagte die Radfahrerin und deutete auf das Café auf der anderen Straßenseite. Mit mir, wünschte sich Lina im selben Moment, in dem die zweite Fremde laut „Gute Idee" und zu Lina gewandt „Kommen Sie auch mit?" sagte. Die Radfahrerin rückte etwas unschlüssig näher an die fremde Glücksdiebin heran und plötzlich waren sie nicht mehr drei sondern zwei und eins. Aus zwei unbekannten Wegen wurden eine Sackgasse und eine Startbahn.

„Na dann …", sagte die Radfahrerin.

„Na dann …", sagte Lina, schüttelte müde den Kopf und sah hilflos zu, wie sich der Perlenvorhang willig teilte, um die beiden in die Zukunft zu entlassen.

Lina verfluchte sich noch wochenlang dafür, dass sie nicht einfach die fremde Helferin in den reißenden Rinnstein gestoßen und anschließend in einem Café mit warmem Licht der leicht gebräunten Haut der Radfahrerin beim Trocknen zugesehen hatte. Mittlerweile waren die schöne Radlerin und die böse Glücksdiebin wahrscheinlich schon auf der Suche nach einer gemeinsamen Wohnung. Und ab jetzt würden sie jedes Jahr den Tag feiern, an dem das Schicksal sie im Regen zusammengeführt hatte. Sie würden auf griechischen Inseln und amerikanischen Hochhäusern auf das erste, das zweite und das zehnte Jahr ihrer Liebe trinken. Sie würden sich mit Ringen überraschen und bei Sonnenuntergängen mit goldenem Geschmeide behängen. Und immer, wenn es regnete, würden sie einander versonnen anlächeln. Widerlich.

Ob die beiden manchmal auch an die geheimnisvolle Fremde dachten, der sie all diesen Schmuck und all dieses Lächeln verdankten? Wohl eher nicht. Und was wäre passiert, wenn die helfende Fremde nicht aufgetaucht wäre? Würde sie, Lina, dann jetzt ihren Keller neu organisieren, damit das zusätzliche Fahrrad hineinpasste? Würde sie nach Schmuckstücken suchen, die „Du hast mich im Regen umgefahren und ich liebe dich dafür“ sagten?

Ihre Jagd nach dem Glück hatte den Schwung des Frühlings nach einem Tag mit dunklen Wolken und einigen Wochen mit dunklen Gedanken endgültig verloren. Dem Wort „Strecke“ auf ihrer Tafel fehlten die ersten drei Buchstaben, seit sie mit einem energischen Schwung des Schwammes den „Magerquark“ hatte auswischen wollen. „… und ich werde das Glück im richtigen Moment zur ecke bringen“ stand da jetzt und der verwischte, blassrote Streifen des „Magerquarks“ sah wie das böse Grinsen eines schlecht geschminkten Clowns aus. Lina betrachtete das als Zeichen, wischte die Tafel komplett aus und beschloss, mit dem Joggen zu beginnen, um den nicht enden wollenden Sommerabenden einen neuen Sinn zu geben. Sie bestimmte willkürlich einen Wochentag und rannte am Abend wie eine Sprinterin in den nahen Stadtwald, um nach wenigen Kilometern zu bemerken, dass sie keine Sprinterin war. Es fühlte sich an, als ob ihre Lunge das Volumen eines Fingerhutes hätte und irgendein wichtiges Organ unter ihrem rechten Rippenbogen stäche mit einer Stricknadel nach seinen Nachbarn. Sie ging ein paar Schritte, lief dann vorsichtig weiter, ging wieder langsam, rannte kurz und brach schließlich mit einem Wadenkrampf neben einer Bank zusammen. Ihr Bein schien ein starres schmerzhaftes Eigenleben zu führen und sie wusste nicht, wie sie es legen sollte, als eine leicht atemlose Stimme sagte: „Moment, ich helfe Ihnen, dann geht das besser." Zwei Hände griffen nach ihrem Fuß, hoben ihn an und bogen ihn vorsichtig dem Bein entgegen. „Krämpfe sind scheußlich, ich hatte das am Anfang auch oft."

Lina war zu überrascht, um sich zu wehren, und musste zugeben, dass sich die Wade unter dem fachkundigen Griff schneller entspannte. Sie lächelte der fremden Joggerin zu. „Danke. Ich fürchte, ich habe etwas übertrieben. Ist mein erster Versuch."

Die Fremde lächelte freundlich zurück und half Lina zurück auf die Beine. „Alleine ist das schwer. Sie sollten sich vielleicht einer Gruppe anschließen, das ist für den Anfang besser, um das Tempo richtig einzuschätzen. Ich gebe zufällig einen Anfängerkurs, jeden Montag, kommen sie doch einfach mal vorbei."

Ein neuer Schicksalsmoment? Lina sah sich kurz um, um zu schauen, ob ein Wegweiser zu sehen war, oder ob noch eine andere Frau mit Wadenkrampf in der Nähe lag. Nichts, kein Wegweiser, keine Konkurrenz. Sie spannte die Zahnseide und legte die Sprühsahne ein.

„So rekrutieren sie also die Mitglieder für ihre Gruppe?"

„Genau so." Die sportliche Fremde nickte ihr lachend zu und nannte ihr dann die Uhrzeit und den Ort. „Kommen Sie vorbei, wir freuen uns immer über neue Gesichter", rief sie und sprintete leichtfüßig davon. Lina testete die lädierte Wade und hinkte verwirrt nach Hause.

War das jetzt ein ernsthafter Wink des Glücks, fragte sie sich in ihrer Küche und schrieb Ort und Zeit der Jogginggruppe vorsichtig auf die Tafel. Es hatte sich nicht wirklich angefühlt wie ein besonderer Moment, oder nur ein ganz kleines bisschen, auf jeden Fall nicht so, wie damals mit der Radfahrerin. Sie sah deren Augen immer noch vor sich und auch die feuchten Haarsträhnen darüber, aus denen kleine Wassertropfen über das schöne Gesicht gelaufen waren. Vielleicht hatten die verkrampfte Wade und die zerstochene Milz ihr bei dieser Begegnung den Blick auf das Glück verstellt? Vielleicht war das ja ihr Problem. Vielleicht hielt sie die richtigen Momente für die falschen und die falschen für die richtigen. Oder vielleicht bemerkte sie nur die falschen. Oder die richtigen nicht. Sie musste es herausfinden.

Sie ließ anstandshalber einen Montag verstreichen und stand zwei Wochen später auf dem Parkplatz neben der Joggingstrecke. Ihre Retterin scharrte schon eine kleine Gruppe um sich und lächelte ihr erfreut zu. „Das ist ja schön, dass Sie sich entschließen konnten.“ Sie erklärte ihr die Kosten und Bedingungen der Gruppe und Lina suchte zwischen den ganzen Formalitäten nach einer Spur von romantischer Fügung. Nichts. Nicht aufgeben, dachte sie, joggte immer in Sichtweite der leichtfüßigen Retterin in angenehmem Tempo um den See und war stolz auf sich, als sie krampflos wieder auf dem Parkplatz stand. „Das hat doch prima geklappt. Sie sollten dabeibleiben.“ Die rettende Joggerin, deren Name übrigens Tina war und sich damit sogar auf ihren reimte, löste allerdings auch nach fünf gemeinsamen Kilometern nichts außer Dankbarkeit und Freundschaft in ihr aus. Lina nickte fröhlich und traurig zugleich, das Schicksal hatte ihr wohl dieses Mal wirklich nur einen gefahrlosen Weg zu körperlicher Fitness zeigen wollen.

Nach ein paar Wochen musste sie zugeben, dass ihr die Bewegung wirklich gut tat. Sie fügte der Gruppenstunde noch eine eigene Runde hinzu und Tina erwies sich zudem als angenehme Gesprächspartnerin. Sie begannen, ab und zu essen zu gehen und sich mehr und länger zu unterhalten.

„Du suchst also das Glück?“ Tina grinste in ihre Nudeln.

„Da gibt es gar nichts zu grinsen, es ist alles eine Frage des richtigen Moments und ich will ihn einfach nicht wieder verpassen.“ Lina war versucht, Tina von der Frau im Regen zu erzählen, aber entschied, dass es dafür noch zu früh war. Tina war für Romantik im Moment auch völlig unempfänglich.

„Ich habe erstmal die Nase voll von der Liebe. Ich bin nach der letzten Trennung mit meiner besten Freundin zusammengezogen und der geht es genauso. Uns kommt erstmal keine Frau mehr ins Haus. Nicht zufällig, nicht schicksalhaft, gar nicht. Komm am Sonntag zum Kaffee und wir heilen dich mit unendlich traurigen Beziehungsgeschichten von deiner Glückssuche."

Folgsam balancierte Lina am nächsten Sonntag einhändig ein riesiges Kuchentablett und drückte mit der anderen Hand den Klingelknopf an Tinas Haustür. Die Tür brummte und sprang auf, Tina brüllte aus einem oberen Stockwerk zu ihr hinunter. „Vierte Etage!"

Warum wohnten sportliche Frauen eigentlich immer in den oberen Etagen von Häusern ohne Aufzug? Lina keuchte mit dem Kuchen die Stufen hinauf. Tina nahm ihr die immense Backwarenansammlung aus der Hand und schob sie in die Küche. „Hast du etwas Sahne mitgebracht? Nicht? Dann setz dich, Diana kommt gleich. Ich hole noch eben Sahne an der Tankstelle." Sie verschwand und ihre Schritte holperten die lange Treppe hinab. In der Wohnung war es still, nur der Kühlschrank summte einen Moment lang laut und verstummte dann wieder. Lina ließ sich auf einen Stuhl fallen.

„Diana ist die Göttin der Jagd", sagte sie zu sich selbst, weil sie nicht wusste, was sie sonst tun sollte. Fremde Wohnungen machten sie immer ein wenig unsicher.

„Und des Mondes", sagte eine Stimme aus dem Flur. Lina hob die Augen der Stimme entgegen und sah, wie sich kleine, glitzernde Regentropfen aus der blau gestrichenen Küchendecke lösten.

„Du!", sagte die Radfahrerin und lächelte.

„Du!", sagte Lina und strahlte. Der Kühlschrank begann wieder laut zu summen. Diana trat lässig mit dem Fuß gegen die Kühlschranktür und das Summen erstarb. Sie sahen sich an.

„Warum bist du nicht mitgekommen?"

„Warum bist du einfach weggegangen?“

Sie standen still voreinander und um sie herum tanzten die Regentropfen im Licht. „Jetzt!“ sagte das Schicksal und Lina nahm ohne jedes weitere Wort Dianas Hand. Zwischen ihren Fingerspitzen sprühten bei der ersten Berührung helle Funken hin und her und sie legten die Köpfe sanft aneinander.

„Sie hatten nur Sprühsahne“, keuchte Tina in diesem Augenblick atemlos im Türrahmen.

„Natürlich“, flüsterte Lina glücklich.

Verdeckte Operationen

Ob zur Mehlspeise „Like the Way Ei Do", zum Puffer „Have You Seen My Organic Sextoys", zu „Grätchen in Uniform" oder „Hinter Gittern", diese Geschichte kitzelt angenehm im Hals.

Wir wussten, dass es möglicherweise ein sehr schwieriger Eingriff werden würde und deshalb hatten wir uns heimlich am späten Abend getroffen, um die Situation zu besprechen. Wir waren einzeln erschienen, hatten die Fenster verdunkelt und bei melancholischer Musik vorsichtig geflüstert. Ronja war atemlos als Letzte und mit den neuesten Informationen gekommen. Ihr Gesichtsausdruck im flackernden Kerzenlicht hatte nichts Gutes hoffen lassen und sie hatte eine dramatische Pause gemacht, bevor sie zu sprechen begonnen hatte.

„Sie tragen schon die gleiche Unterwäsche. Isabel hatte Julias karierte Boxershorts an. Und ihre Socken. Und sie wusste es nicht. Es war ihr gar nicht aufgefallen!"

Wir hatten betroffen die Köpfe gesenkt und geschwiegen. Im Hintergrund hatte Katie Melua erklärt, wie viele Fahrräder es in Peking gab (neun Millionen) und wie lange sie eine nicht näher bezeichnete Person lieben würde (bis zum Tod). Damit war Katie, ohne es zu wissen, beim Thema gewesen. Alle unsere Hoffnungen, dass es sich in diesem Fall nur um die gemeine und harmlose Kurzsymbiose unter dem Einfluss intensiver Verliebtheit gehandelt hatte, waren in Annas spärlich beleuchtetem Wohnzimmer zerstoben, denn die vollkommene Auflösung der Socken und Unterwäschengrenze war ein zu ernstes Symptom. Das war nicht der hormonelle Wahn der ersten Beziehungswochen, der zwar nach ständiger Vereinigung strebte, aber der sich immer unterscheidbar attraktiv hielt und höchst anfällig für die erste Kaltfront des Alltags war. Das war der Ernstfall. Lesbcon 5. Wir mussten sofort handeln oder wir würden ein neues Paar siamesischer Lesben riskieren.

Untrennbarer, siamesischer Lesben.
Siamesben.

Verständlicherweise hatte an diesem schweren Abend keine von uns gefragt, woher Ronja das mit der Unterwäsche überhaupt wusste. Oder woher sie Isabels Socken so gut kannte. Wir waren einfach zu sehr auf die drohende Gefahr und die ungeheure Aufgabe, die vor uns lag, konzentriert gewesen.

Um einen sauberen Schnitt noch rechtzeitig zu vollziehen, mussten wir schnell handeln, bevor sich bei den beiden zukünftigen Siamesben alle lebenswichtigen Funktionen verbunden hatten und eine Trennung nicht mehr möglich war. Das war eine Arbeit für Spezialistinnen. Trennungen, die zu spät oder laienhaft erfolgten, hinterließen oft zwei Halbwesen, die jede folgende Beziehung um die geisterhafte Anwesenheit ihrer verlorenen Seelenverwandten erweiterten. Für kurze Beziehungen und Affären waren diese Halbwesen durchaus praktisch, da sie die Fähigkeit zur Symbiose erst einmal verloren hatten. Man nahm allerdings im Alltag mit ihnen völlig unfreiwillig an einem ständigen Nachhilfekurs über Vorlieben, Abneigungen, Fehler, Vorteile, Geschmack und physische Besonderheiten der Verflossenen teil, bis man fürchtete, dass all dieses Wissen eines Tages zum Gegenstand einer Quizshow werden würde, bei der man die einzige Kandidatin war. Allerdings waren die Fragen dank der üppig fließenden Informationen auch nicht besonders schwer.

Beispiel?
Wenn Britta S. aus O., genannt „die Ex“, laut Pink hört, ist sie:
A) wütend,
B) prämenstruell,
C) erregt,
D) besoffen.

Dass die Antwort C war, lag auf der Hand, da man bisher in dieser speziellen Affäre guten Sex nur zu einer eigenartig deprimierenden unplugged Version von „Dear Mr. President“ gehabt hatte. Die unfreiwillig erhaltenen Informationen konnten mitunter sogar nützlich sein. Die Lesbenszene war klein und die Ex der Ex konnte sich theoretisch schon bald im eigenen Bett zu den gesammelten Werken der blonden Rockröhre wälzen wollen. Aber wenn man nach einer wilden Vereinigung, untermalt von drei Pink-Alben plus Bonusmaterial, mitten in der Nacht die Augen aufschlug, musste man allzu oft mit ansehen, wie sich die gerade noch leidenschaftlichen Geliebten im Traum leise schluchzend an eine kaum sichtbare, ebenfalls schluchzende Frauengestalt drängten.

Ronja, Anna, Julia und ich waren durch eine Mischung aus glücklicher Fügung und mentaler Stärke die letzten individuell Überlebenden in unserem Bekanntenkreis geblieben und hatten die Entstehung neuer Siamesben schon allzu oft erlebt. Immer und immer wieder hatten wir Freundinnen selig lächelnd ineinander verschmelzen sehen. Erst vor einem Jahr hatten wir erleben müssen, wie aus Tina und Beate, zwei netten sportlichen Frauen mit unterschiedlichen Hobbys und vielfältigen Interessen, innerhalb von sechs Monaten eine weitere liebenswerte, aber auch Angst einflößende, doppelköpfige Paarperson geworden war. Tina (28) und Beate (32) wurden das Beatina (Alter unklar).

Sie hatten bis dahin beide so selbstständig gewirkt und ganz unabhängig voneinander mehrere Beziehungen heil überstanden, dass wir nicht damit gerechnet hatten, bei dieser neuen Liebe eingreifen zu müssen. Tina fuhr leidenschaftlich gerne Rad und Beate hasste das Radfahren, Beate wiederum war Vorsitzende in einem Ruderverein, was Tina unendlich langweilig fand. Die eine kochte auf hohem Niveau, die andere konnte nicht einmal Wasser ohne klare Anweisungen erhitzen. Die beiden waren wie füreinander geschaffen.

Aber dann lieh sich Beate plötzlich ein Mountain Bike und nahm an einer mehrtägigen Tour teil und Tina wurde aufgrund ihres Betriebswirtschaftsstudiums aus dem Nichts zur Schatzmeisterin der RheinenRuderLesben e.V. gewählt. Wir sahen tatenlos zu. Tina, deren gesamte Kochkunst sich auf das korrekte Aufreißen von Pizzakartons beschränkte, wurde zu Beginn ihres dritten gemeinsamen Monats in einem abendlichen Kochkurs gesichtet, den Beate gab. Als sie uns beim nächsten Spieleabend gegenübersaßen, schienen ihre Konturen ineinander zu verschwimmen, so dicht saßen sie nebeneinander und so synchron kamen ihre Antworten. „Willst du noch ein Glas Sekt?", fragte Nina, Tina und Beate antworteten „Gerne!", obwohl ihr Glas noch voll war. „Obwohl wir eigentlich nicht mehr so viel trinken wollen", lächelte Tina und enthüllte damit den beginnenden gemeinsamen Stoffwechsel. Beim „Mensch ärgere dich nicht" weigerte sich Tina, Beate rauszuschmeißen, und beim Monopoly befreite Beate Tina aus dem Gefängnis und kaufte für beide ein Haus auf der Schlossallee.

Und das war der Anfang vom Ende gewesen. Das Beatina war geschlüpft und nie wieder wurde die eine ohne die andere gesehen. Sie radelten, ruderten, lachten, liefen, tanzten, aßen und weinten von da an vollkommen synchron. Ohne zurückzublicken verschwanden sie im lesbischen Universum der geraden Zahlen, wo alles durch zwei teilbar war und Primzahlen wie wir traurig belächelt wurden. Wenn das Beatina von da an zu einem gemeinsam gekochten Essen einlud, konnte man sicher sein, am symmetrisch gedeckten Tisch einer anderen hilflosen Primzahl gegenüberzusitzen, denn mit der siamesischen Verbindung erwachte in der lesbischen Paarperson auch der brennende Wunsch zu missionieren. Eng verbundene Zweien und Vieren scharrten ansatzweise kompatible Dreien und Fünfen um sich, in der Hoffnung, dass sie sich unter dem Einfluss synchron gerührter Kürbissuppe zu einer Sechs zusammenfinden würden. Wer sich nicht verbinden wollte, wurde aus der Tiefe der gemeinsam gesessenen Sofakuhle mit mitleidigen Blicken bedacht.

Julia, Anna, Ronja und ich waren die letzten Exemplare einer schnell aussterbenden Art.

Und dann hatte Julia vor vier Monaten Isabel bei Lesarion entdeckt und ihre individuelle Aura hatte schon nach dem zweiten Treffen unruhig zu flackern begonnen. Das durfte nicht passieren, bevor ein Julabel oder ein Isalia das Licht der Welt erblicken konnte, mussten wir eingreifen. Was die Methode anging, waren wir uns schnell einig. Wir würden den Schnitt am Herzen ansetzen, das war zwar nicht ungefährlich, aber auch der einzige Weg, der eine komplette Genesung versprach. Da wir alle seit Jahren mit Julia befreundet waren, war sie gegen einen Herzschnitt aus unseren Reihen immun. Mir persönlich wurde immer ein wenig übel, wenn ich daran dachte, ihr wehtun zu müssen.

Bei Isabel war das anders. Da sie digital in unsere Gruppe gespült worden war, kannte sie uns wirklich nicht, hatte selbst in ihrer Jugend mit niemandem von uns geschlafen und hatte in unserer Stadt nicht einmal eine „Freundin der Freundin einer Exfreundin"-Beziehung.

„Ich mache es!", sagte Ronja schließlich entschlossen und atmete so tief aus, dass die große Kerze auf dem Esstisch erlosch. Wir umarmten sie erleichtert, bevor sie hinaus in die dunkle Nacht eilte, und waren ihr dankbar für ihren Mut und ihre Hingabe zu unserer Lebensform. Dann behielten wir eine Woche nervös die Displays unserer Handys im Auge, bis schließlich ein jämmerliches Klagen in den frühen Morgenstunden aus meinem Festnetz drang. Ich textete dem restlichen Operationsteam die Worte „Es ist vollbracht", noch bevor ich mir Julias geschluchzte Version angehört hatte.

„Wusstest du, dass Ronja sich mit Isabel zum Essen verabredet hat?", setzte ich die von schnaubenden Tönen unterbrochenen Silben zu einem sinnvollen Satz zusammen. Sie so leiden zu hören, war noch schmerzhafter, als ich erwartet hatte.

„Ich glaube, sie hat es erwähnt, ist doch kein Problem, oder", bagatellisierte ich den gigantischen Vertrauensbruch und las gerade Annas Antwort „Super! Wie nimmt Julia es auf?", als Julia sagte: „Hat sie auch erwähnt, dass sie nach dem Essen für eine Woche zusammen nach Lesbos fliegen?"

Ich vertippte mich auf dem Handy, schickte die leicht verstümmelte SMS hektisch an Anna und schaute nach einer Reaktion von Ronja. Nichts! Ein schrecklicher Verdacht wurde in mir wach.

„Wir wollten beide schon immer nach Lesbos, hat Isabel gesagt, und dass ich ein Umweg gewesen wäre und dass sie von gemeinsamen Kindern träumen." Julias Schluchzer zerrissen mir fast das Herz und ich drückte verzweifelt auf die Kurzwahl, um Ronja zu sagen, dass es jetzt genug war. Ihr Handy war aus. Das war unmöglich. Ronjas Handy war nie aus, außer im … „Flugzeug", sagte ich zu meiner eigenen Überraschung laut.

Julia hatte mich zum Glück nicht verstanden. „Sie haben sich wohl schon von Anfang immer mal wieder zum Kaffee getroffen, aber ernst ist es erst vor zwei Wochen geworden."

Vor ZWEI Wochen? „Boxershorts", flüsterte ich jetzt und war froh, dass Julia sich gerade deutlich hörbar die Nase putzte.

„Es war mir schon ernst mit ihr, weißt du? Vielleicht nichts fürs Leben, nicht so wie …", sie unterbrach sich, schneuzte einmal laut und fuhr fort: „… aber schon ernst."

Mitten in ihrem Satz hatte mein Atem einmal ausgesetzt und ich suchte nach der Ursache.

„Nicht so wie was?", fragte ich dann und ignorierte das hektische Displayblinken, das Annas Anruf signalisierte.

„Nicht so wie du", sagte sie, offensichtlich von ihrem eigenen Geständnis überrascht, denn das Schluchzen setzte abrupt aus.

„Du denkst noch daran?" Ich hatte mir das vor langer Zeit verboten.

„Natürlich. Es gibt Zeiten, da denke ich an nichts anderes. Aber ich weiß ja auch, wie du das Ganze siehst."

„Du wolltest nur befreundet sein, bevor überhaupt irgendetwas zwischen uns anfangen konnte.“ Ein alter Schmerz suchte sich den Weg zu meinem Herzen und kratzte wehmütig an einer klopfenden Herzkammer.

„Weil Anna mir gesagt hat, wie du über mich im Speziellen und Beziehungen in Allgemeinen denkst.“

Anna? Anna hatte damals mit Julia gesprochen, nachdem ich sie kennengelernt hatte. Warum wusste ich das nicht? O mein Gott! Eine Prophylaxemaßnahme.

„Ich hätte dich gerne wenigstens einmal geküsst, aber sie meinte, dass mich das deine Freundschaft kosten würde.“ Der Schmerz schien Julia jede Vorsicht geraubt zu haben.

Irgendwo über den Alpen öffneten in diesem Moment Ronja und Isabel gemeinsam ein eingeschweißtes Sandwich und drückten die angeschnallten Hüften sehnsüchtig enger aneinander und ich wünschte ihnen alles Gute. Irgendwo in ihrer Wohnung wählte Anna sich die Finger auf allen Telefonen wund und ich wünschte ihr einen schweren elektrischen Schlag.

„Kann ich zu dir kommen?“ Ich fühlte mich innerlich sehnsüchtig flackern. „Ich denke, es gibt da ein paar Dinge, die du über mich wissen solltest.“

Es gab auch ein paar Dinge, die ich ihr verschweigen würde, aber der Wunsch, genau da, vor jenem Kuss, den wir nie gehabt hatten, wieder anzufangen, war mächtiger als alles andere, das ich jemals gefühlt hatte.

„Ich würde mich sehr freuen, wenn du jetzt sofort kämst“, antwortete sie und ihre Stimme war klar und ohne jeden Schluchzer.

„Weißt du eigentlich, wie viele Fahrräder es in Peking gibt?“, fragte ich und zog mir schon mit einer Hand ein T-Shirt über.

„Neun Millionen“, sagte sie, bevor sie auflegte und die Größe der Zahl schien sie nicht zu erschrecken.

Niemand ist eine Insel

Ein Text wie teures Salz, passt zu jedem Gericht und verfeinert den Geschmack. An hohen lesbischen Feiertagen unbedingt zusammen mit „Somewhere under the Rainbow“ oder „The L-Soup“ anbieten.

„Wir sind deshalb aber keine Lesben!“, hatte meine beste Freundin atemlos gesagt, nachdem wir uns in Vorbereitung auf eine Party im abgedunkelten Partykeller eines Klassenkameraden mit wenig Geschick und viel Speichel geküsst hatten. Da ich mit vierzehn Jahren das Wort „Lesbe“ noch nie gehört hatte, schwieg ich und leckte mir genüsslich den Rest ihres Pfefferminzgeschmacks von den Lippen. Ich war mir damals eigentlich sicher gewesen, keine Lesbe zu sein, hatte aber trotzdem beschlossen, nachzuschauen, was das Wort denn überhaupt bedeutete. Schließlich hatte ich in der zweiten Klasse auch nicht gewusst, was Windpocken waren, und sie trotzdem bekommen.

Die Erklärung im Lexikon machte mich schlaflos. „Es machen wie die Frauen aus Lesbos“, war die ursprüngliche Bedeutung des Wortes und das klang ein wenig nach Kochbuch, klang wie Forelle nach Müllerin Art.

Zwar war das versuchsweise Küssen der besten Freundin im Artikel nicht explizit erwähnt worden, aber die anderen ausführlichen Beschreibungen hatten mich auf Ideen gebracht, die in meiner jugendlich wirren Gefühlswelt auf großen Beifall gestoßen waren. Am Ende des langen Textes hatte die Erkenntnis gelauert, dass es wirklich wie im Kochbuch war. Ein Sauerbraten mit Rosinen war rheinisch, weil man am Rhein seit Anbeginn der Zeiten unbeirrt getrocknete Weintrauben in die Soße rührte, und eine Frau, die Frauen küssen wollte, war lesbisch, weil eine tote Griechin diesen Wunsch in daktylische Hexameter gefasst hatte.

Ich war erschüttert. Ich war vierzehn, ich wollte weiterküssen und jetzt war ich plötzlich eine griechische Insel. Das war seltsam ungerecht.

Wenn Heike, die damals immer träumend in der Klasse hinten saß, orthografisch gewagte Liebesbriefe an Jan aus der Parallelklasse schickte, blieb sie Heike und Jan blieb Jan. Daran änderte auch der von beiden selbstverfasste, schwer leserliche Plan einer beiderseitigen oralen Stimulation, wie das Lexikon es nannte, nichts. Es hatte einfach nie eine Insel gegeben, auf der die Bewohner den Satz: „Ich will dich hinter dem Schwimmbad mit Zunge knutschen" nicht fehlerfrei schreiben konnten. Schon mein rein theoretischer Wunsch aber, ganz bestimmte Körperregionen nicht mit irgendeinem Jan, sondern mit einer Heike zu stimulieren, stieß mich, die ich in der Praxis oral noch vollkommen unstimuliert war, unwiderruflich ins ordnungsschaffende Taufbecken, aus dem ich mich als Lesbe erheben sollte.

Mag sein, dass es der Forelle und dem Sauerbraten egal war, ich stand meinem Inseldasein von Anfang an skeptisch gegenüber und bin innerlich eher eine Halbinsel. Eine Bezeichnung, die man interessanterweise nicht automatisch erhält, wenn man sich zur Bisexualität bekennt.

Manchmal bin ich der singenden Sappho für ihre mangelnde Diskretion allerdings ganz dankbar, denn schließlich hätte es auch ganz anders kommen können. Hätte zum Beispiel eine andere antike Inselbewohnerin vor zweitausend Jahren durch unvorsichtige Gedichte den Mittelmeerraum alarmiert, dann wäre ich jetzt vielleicht eine bekennende Krete. Oder eine praktizierende Malte.

In schlimmen Alpträumen sehe ich mich am Weihnachtsabend beiden Eltern gegenübersitzen und ihnen meine sexuelle Neigung in der trügerischen Dämmerung der elektrischen Baumbeleuchtung erklären. „Mutti, Papa, ich muss euch etwas sagen, ich bin eine Sardine!"

Oder, falls das Phänomen sich zuerst in Städten ausgebreitet hätte, hätte ich meiner ersten großen Liebe offenbaren müssen, eine Korinthe zu sein, was zwar kulinarisch gesehen den Kreis zum Sauerbraten geschlossen hätte, sie aber wohl auch nicht zum Teil meiner Inselgruppe gemacht hätte.

Kommt es überhaupt auf die Insel an? Würden meine heimatverbundenen Eltern heute leichter über mich und meine Angetraute sprechen, wenn ich eine verpartnerte Rüge wäre? Oder eine getrennt lebende Föhre? Würde die immer wieder blitzgescheite und nicht zu überhörende Erkenntnis fremder Passanten, das sind doch Ibizen, wärmer klingen? Oder zu sehr nach Discokugel?

Persönlich bedauere ich die Tatsache, dass sich in den letzten zweitausend Jahren die Nachricht, dass sich auch außerhalb der nördlichen Ägäis Frauen Gedichte schreiben und anschließend oral stimulieren, so schleppend herumgesprochen hat. Ich könnte sonst nämlich schon lange eine schreibende Globe sein, die heimlich darauf hoffen dürfte, sich nach der ersten Landung einer attraktiven Venusianerin in eine ewige Kosme zu verwandeln.

Anne Bax

wurde 1961 in Bottrop geboren, sie arbeitet als Texterin für eine PR-Agentur und lebt mit Frau, Stoffschwein und Lesebrille im Ruhrgebiet.
Bücher mit Erzählungen: Wirklich ungeheuer praktisch (2005, 3. Auflage 2009); „Rachel ist süß" (2008, 3. Auflage 2009).

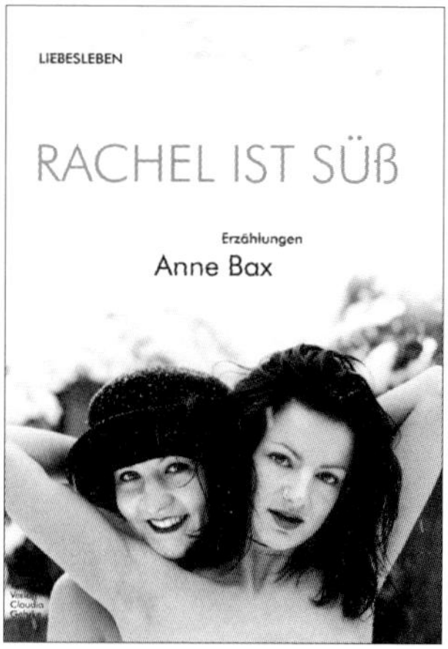

„Rachel ist süß" (ISBN 978-3-88769-725-9)
„Die Schriftstellerin kann den literarischen Bogen weit spannen. Frau liest die gefühlvollen, oft nur andeutenden, nie anstößigen oder gar peinlichen, elegant formulierten erotischen Alltagsgeschichten gerne. Als Zielgruppe hat Anne Bax Lesben im Auge. Heterosexuelle leiden, lieben und lachen vermutlich auch gerne mit den sympathischen handelnden Personen mit. Keineswegs nur für die Lesben-Ecke geeignet.
(Martina Mattes, ekz-Informationsdienst für Bibliotheken)

„Wirklich ungeheuer praktisch" (ISBN 978-3-88769-728-0)
In 25 Kurzgeschichten rund ums Lesbendasein stellt Anne Bax mit viel Humor und Fantasie ihr Erzähltalent unter Beweis und trägt mit ihrer unvergleichlich hellwach-augenzwinkernden Sicht auf die kleinen und großen Lieben und Dramen der Damen nicht unwesentlich zur Erheiterung ihrer LeserInnen bei. Ob gewohnte oder ungewöhnlich Situationen – allein schon die köstlichen Schilderungen verleihen jedem „Sachverhalt" eine ganz besondere Note. Und die Bax'schen Ein- und Zufälle tun ihr Übriges dazu …
Es darf hier laut gelacht, da stillvergnügt gelächelt und geschmunzelt werden – herrlich! Was in der Verlagsbranche so nüchtern als Neuauflage bezeichnet wird, ist für mich das Comeback des Jahres 2009!
(Nicole Bruschkeit, Hajo)

Cornelia Böhm

wurde 1962 in Essen geboren und lebt im Ruhrgebiet. Mit viel Kreativität kocht sie dort regelmäßig für Freunde, Freundinnen und ihre Familie, der zwei Menschen und vier Katzen angehören.
Von Anne Bax trennen sie zwar zweiundzwanzig cm, was die Körpergröße angeht, aber nur acht Ausfahrten auf der Stadtautobahn. Eine Tatsache, die Cornelia vor allem an hohen Feiertagen bedauert, wenn Anne mit hungrigem Blick und leerem Magen vor ihrer Tür erscheint.

Anne Bax und Cornelia Böhm haben sich vor vielen Jahren in der Küche einer Studentenkneipe kennengelernt, wo beide ihren kärglichen Lebensunterhalt aufbesserten.
Ihr erstes, zu Recht nie veröffentlichtes Kochbuch: „348 Lebensmittel, die man überraschend schlecht frittieren kann" ist dort im Rahmen eines bis jetzt streng geheimen Selbstversuchs entstanden.

Impressum

2. Auflage 2012

PF 1621 D-72006 Tübingen
Telefon: 0049 (0) 7071 66551
Fax: 0049 (0) 7071 63539
E-Mail: office@konkursbuch.com
Internet: www.konkursbuch.com

Gestaltung: Verlag & Freundinnen
Illustrationen: zielgruppe.net (Maritta Müller)

ISBN: 978-3-88769-730-3